中国古代统战智慧

陈喜庆 著

中国人民大学出版社
· 北京 ·

写在前面

习近平总书记在党的二十大报告中指出，坚持和发展马克思主义，必须“把马克思主义基本原理同中国具体实际相结合、同中华优秀传统文化相结合”。习近平总书记提出的“两个结合”思想，深刻揭示了马克思主义的理论特质，科学阐明了马克思主义在中国创新发展的内在规律。习近平新时代中国特色社会主义思想，是实践“两个结合”、坚持和发展马克思主义的典范。习近平总书记关于做好新时代党的统一战线工作的重要思想，是习近平新时代中国特色社会主义思想的“统战篇”，同样是坚持和实践“两个结合”的宝贵成果。

中国古代统战智慧，是中华优秀传统文化的重要内容，历来受到我们党的高度重视。1960 年初，毛泽东同志与满族著名作家老舍谈到康熙皇帝的 3 个伟大贡献，在谈到第二个时说，康熙皇帝的第二个伟大贡献，是他的统一战线政策。满族进关时兵力只有 5 万多，加上家属也不过 20 万，以这样少的人口去统治那么一个大国，占领那么大领土，管理那么多人口，矛盾非常突出。康熙皇帝便发明了一个统一战线，先团结蒙古族和其他少数民族，后来又团结了汉族的上层人士，他还全面学习和继承了当时比满文化要先进得多的汉文化。习近平总书记把马克思主义理论精髓与中华优秀传统文化精华贯通起来，继承发展了中国古代统战智慧中的“仁政”“和合”“大一统”等思想，推动党的统一战线理论在坚持“两个结合”中开辟了新境界。

2021年8月24日，习近平总书记考察了承德博物馆，参观了“望长城内外——清盛世民族团结实录”展览，特别强调指出：“我们的祖先在中华民族的进步过程中、在文明发展的过程中，都有哪些政治智慧、做了哪些事情，我们要深入了解。”党的二十大以来，有关中央领导同志和中央有关部门也从统一战线方面对此进行了部署，要求形成更多有学理深度和学术厚度的高质量研究成果。据此，笔者编写了《中国古代统战智慧》一书，试图较为系统地梳理中国古代统战智慧发端和发展的脉络，以及中国古代统战智慧在推动中华民族文明进步中发挥的独特作用和宝贵历史经验，希望对大家研究中国古代统战智慧有所助益。需要说明的是，按照中国既有历史分期，1840年鸦片战争前为中国古代史，但考虑到中国古代统战智慧有其内在逻辑，为了完整体现清朝时期统战智慧，本书论述的截止时期顺延到了清朝衰亡。

由于笔者水平有限，不妥之处，请读者朋友批评指正。在本书编写和出版的过程中，得到《中央社会主义学院学报》编辑部、中国人民大学出版社等单位和有关同志的支持帮助，在此一并表示诚挚感谢。

陈喜庆

2024年8月

目　录

引　言

人类统战智慧的萌芽和形成

2020 年 4 月 24 日，我国国家航天局宣布，正式启动的中国行星探测任务被命名为“天问系列”，首次火星探测任务被命名为“天问一号”。“天问”的名称源自 2 000 多年前战国时期楚国诗人屈原的长诗《天问》，他在这首诗中就宇宙、人间的诸多现象发问，表达了追求真理的勇敢探索精神。

在人类探索真理的漫漫征途上，问得最多的问题莫过于“我们是从哪里来的？”不同时代的人们，根据自己所处时代的认识水平，给出了不同的回答。其中很长一段时间里，“神创论”占了主导地位，不过不同国家的神明有所不同罢了。古希腊流传着普罗米修斯与女神雅典娜共同创造人类的神话，其中普罗米修斯负责用泥土雕塑出人的形状，雅典娜则为泥人注入灵魂。《圣经》中说，上帝按照自己的形象和模样，用泥土捏成一个叫亚当的男人，又从亚当身上取出一根肋骨造了一个叫夏娃的女人，这二人便是人类的始祖。在中国传说中，创造人类的是女娲，相传她仿照自己的形象抟土造人，又替人类立下婚姻制度，使男女两性相互婚配，繁衍后代。

随着科学技术的进步，特别是分子生物学的出现，人们已经可以较为科学地回答“我们是从哪里来的？”这个亘古谜题了。首先是无生命界中的原子，经过化学反应就可以合成众多结构不同、功能各异的复杂分子。这些分子组成细胞，细胞组成各种精巧的身体结构，进而形成形态各异的多种生物。这些生物能够从环境中获得物质和能量以生存，还可以复制自己以繁衍。其次是这些生物物种处于从简单到复杂、从低级到高级的持续进化过程中，并从中产生了哺乳动物，从哺乳动物中产生了灵长动物，最终从灵长动物中产生了人类。最后是从属于灵长动物的类人猿到人的转变，又经历了若干重要阶段，即南方古猿到能人，到直立人，到早期智人，再到晚期智人。

恩格斯在《劳动在从猿到人转变过程中的作用》一文中指出，从猿向人的转化不单是一个纯粹的生物进化过程，劳动“是整个人类生活的第一个基本条件，而且达到这样的程度，以致我们在某种意义上不得不说：劳动创造了人本身”。具体说来，“劳动创造了人本身”体现在，通过劳动完成了手脚彻底分工和专业化发展，改造了发音器官并创造了语言，改造了大脑和感觉器官并形成了人类特有的思维意识。需要特别指出的是，在类人猿向人转化的过程中，它们的生存发展条件是极为恶劣和艰难的，是任何个体无法单独应对的。这决定了它们所进行的劳动，是一种以团结协作为主要方式的群体劳动。正如恩格斯指出的，人类“为了在发展过程中脱离动物状态，实现自然界中的最伟大的进步，还需要一种因素：以群的联合力量和集体行动来弥补个体自卫能力的不足”。毫无疑问，这种团结协作就包含了人类统战智慧的萌芽。或者可以这样说，统一战线是人类诞生时就留下的胎记。统一战线其实就是不同社会力量为实现共同目标而结成的联盟，其主题是大团结大联合，其根本功能是凝心聚力。

人类诞生后便出现了人类社会。人类社会的本质是什么呢？1920 年，印度加尔各答辛格夫妇所办的孤儿院，收养了两个女性狼孩。辛格根据抚养狼孩的经历写出了《狼孩和野人》一书，于 1947 年出版，1966 年再版，曾经轰动一时。书中记述了狼孩刚刚被收养时的情况，不会直立行走而是用四肢行走，不吃素食只吃肉，不会说话只会引颈长嚎，大点儿的女孩死亡时十六七岁了，其智力水平仅相当于三四岁的孩子。这个故事印证了马克思的一个科学论断："人的本质不是单个人所固有的抽象物，在其现实性上，它是一切社会关系的总和。"这就是说，人是社会的人，是以群体方式生存和发展的。一旦脱离社会，则人将不人，至于发展进步更是无从谈起。

人类为什么必须以群体的方式生存和发展呢？这是由人类生存发展任务繁重与生存发展力量相对不足的固有矛盾决定的。人类社会的第一个形态为原始社会，就其生产力水平而言，虽然较之类人猿有了明显提升，但总体上说仍然是极其低下的，因而无论是抵御洪水、火灾等重大自然灾害，还是与狩猎气力、奔跑速度远远强于人的动物相比，作为个体的原始人都处于弱势。人类生存发展面临的挑战，不仅来自自然界，还来自人类本身。原始社会晚期，随着种植养殖业的出现，人的食物匮乏问题大大缓解，导致人口逐渐增多，由氏族形成胞族、部落，部落为保卫自己的领地或掠夺其他部落时，常常发生冲突甚至战争，而弱小部落总会感到势单力薄。

如何有效破解人类生存发展任务繁重与生存发展力量相对不足的固有矛盾呢？原始人类在长期社会实践中给出的唯一答案就是团结协作。当原始人面对猛兽威胁生命时，就以群体的力量来抵御；当原始人个体狩猎困难时，就采取群体协作的方式来克服；当弱小部落取胜无望时，就联合其他部落来改变力量对比。显然，原始人较之类人猿，已经能够自觉运用统一战线方式来战胜困难、夺取胜利，这标志着人类统战智慧的形成。同时，由于生存发展任务繁重与生存发展力量相对不足的矛盾是贯穿人类社会始终的矛盾，所以自觉运用统战智慧也将贯穿人类社会始终，并且会随着人类社会形态的演进而丰富发展。

第一章

先秦时期的统战智慧

先秦时期是中国古代统战智慧的开端时期，创造了多个“最早”，如出现了以部落联盟为特征的最早的统一战线形态，炎黄结盟战胜蚩尤是中国有文字记载的最早的统一战线实践，商汤结盟灭夏是中国历史上最早的运用统一战线智慧助力实现改朝换代的经典案例，战国时期的纵横家是中国最早的统一战线学派，等等，所有这些都奠定了后世统一战线智慧丰富发展的坚实基础。

一、中国最早的统一战线形态

北京猿人头盖骨复制品

1929 年 12 月 2 日下午 4 时余，在北京周口店龙骨山考古工地深达 12 米的洞底，秉烛发掘的工地负责人裴文中兴奋地大叫道：“这是什么？是人头？”震惊世界的北京猿人第一个头盖骨被发现了！接着，又在这里发现了代表 40 多个个体的“北京人”化石，还发现了他们打造的石器工具和用火证据。研究表明，“北京人”属于距今约 70 万年至 20 万年的直立人。这以后，考古学家又在中国境内发现了众多早期智人和晚期智人化石表明中国是人类重要的发祥地之一。

河姆渡遗址出土的水稻种子

1976 年，在河北磁县发现了上百个粮食窖穴，根据推测，其中储藏的小米在 10 万斤以上。此外，这里还出土了翻地用的石铲，收割用的石镰，加工谷物用的石磨盘、石磨棒。此前的 1973 年，在浙江余姚河姆渡发现了距今 7 000～6 500 年的稻谷壳遗存，估算有上万斤。余姚河姆渡也出土了翻地用的骨耜。加上这前后其他农作物的发现，说明中国黄河和长江下游地区已经形成了以小米和水稻为主要农作物的两个农业体系，中华先民已经进入农业社会，实现了由被动适应自然向主动改造自然的重大转变。

同农业生产的出现和发展相适应，中华先民的社会组织形态和生产生活方式也发生了重大变化。处于原始社会的中华先民最早的社会组织形态是氏族，它是以血缘关系为纽带组成的团体，全体成员共同劳动，财产共同占有，内部禁止通婚。同一氏族因人口增加会分化出一些新的氏族，这些氏族不仅具有血亲关系，而且还有共同生存发展的需要，因而可以联合成较大的团体，这就是胞族。由若干胞族联合而成的更大的团体为部落，它同样是建立在共同血缘和利益基础之上的，设置了具有社会管理职能的部落议事会，其首脑为酋长。再由若干具有共同利益或血缘关系部落联合而成的超大团体，为部落联盟，它的最高权力机关是联盟议事会，由参加联盟的部落酋长组成，讨论决定联盟的一切重大事务；其主要职能是共同抵御重大自然灾害和共同采取军事行动。

显然，这里的氏族、胞族、部落，特别是部落联盟，体现出了明显的统一战线性质和功能，可以说是中国最早的统一战线形态，并在此基础上开展了许多影响后世的统一战线活动，展现了独具特色的东方统一战线智慧。

二、炎黄结盟战胜蚩尤

我国有一句家喻户晓的话，叫作“自从盘古开天地，三皇五帝到如今”。盘古开天地属于神话，不足为信。那“三皇五帝”确有其人吗？在文字发明以前，人们只能以口耳相传的方式来保存和流传历史。文字发明以后，这些内容才被追记下来，成为文献中的古史传说。这些古史传说尽管未必都是真实可信的，但毕竟含有一些真实的内容。结合史书记载和考古成果，一般认为，所谓“三皇”是后人对荒远古代的一种推想，而“五帝”则可能确有其人。

关于“五帝”，历史上就有不同说法。现在多采用汉代司马迁所著《史记》的观点，认为“五帝”为黄帝、颛顼、帝喾、唐尧、虞舜。作为“五帝”之首的黄帝，生活在原始社会晚期。据说他是少典娶有蟜氏之女附宝生下的孩子，本姓公孙，因依陕西境内的姬水长成而改姓姬；居于轩辕之丘，故名轩辕，也有说因其发明了车而名之；因其所在部落联盟以熊等野兽为图腾，又名有熊氏；还因古人将金木水火土五行代表五种德性，黄帝以土德称王，土为黄色，故尊称其为黄帝。黄帝不仅发明车，还始制衣冠、制音律、作《黄帝内经》等，因而深受人们的爱戴，成为由 25 个氏族、12 个胞族联合而成的庞大部落联盟的首领。

炎帝系少典娶有蟜氏另一个叫女登的女儿所生，与黄帝是同父异母的兄弟，因依陕西境内的姜水长成而姓姜，号神农氏，又号魁隗氏、连山氏、列山氏。炎帝长大之后，智慧过人，剽悍勇武，便做了另一个部落联盟的首领，以牛为图腾。巫师说他以火德为王，所以称为炎帝。在炎帝的领导下，其所在部落联盟迅速繁衍壮大，于是沿黄河向东部发展，最后定居于今河南省商丘市淮阳区。

与黄帝、炎帝同时代的还有一个著名人物叫蚩尤，本姓黎名贪，有 8 个同母兄弟，居住在黄河中下游及长江中下游地区，即今山东、河北、河南、江苏一带，故有东方九黎之称。加上 72 个同族兄弟，共 81 人，实际上是 81 个部落，而蚩尤因英勇善战，有主兵之神的美誉，便做了九黎部落联盟的首领。

在蚩尤的领导下，九黎部落联盟不仅农业种植、畜牧养殖有了较快发展，制陶水平也大幅提升，在此基础上出现了铸铜工业萌芽，并用以改良兵器，九黎部落联盟的作战能力显著提

炎黄二帝雕像

高。随着经济、军事实力的发展和人口的增多，蚩尤领导的九黎部落联盟开始向西发展，进入炎帝地盘拓展生存空间。炎帝部落联盟虽然奋起抵抗，无奈实力不济，节节败退，居地尽失。

于是炎帝向黄帝求助，黄帝慨然应允，与炎帝结盟，联合抗击蚩尤，引发了著名的涿鹿之战。战争爆发后，恰遇浓雾和大风暴雨天气，很适合来自东方多雨环境的蚩尤部落联盟开展行动，所以在战争初期，适合于晴天环境作战的黄帝、炎帝部落联盟，九战九败。但是，随着雨季过去，天气转晴，给黄帝、炎帝部落联盟扭转战局提供了重要条件。黄帝、炎帝部落联盟利用天赐良机，吹响号角，重击鼙鼓，乘蚩尤部落联盟迷乱之际，向其大举进攻，终于一举击败敌人，并在冀州之野擒杀了蚩尤。黄帝、炎帝部落联盟乘胜东进，一直抵达泰山附近，在此举行“封泰山”仪式后才凯旋。同时，在东方九黎部落联盟中选择声望较高的叫少皞清的酋长继续统领该部落联盟，并使其与自己的黄帝、炎帝部落联盟结为同盟，形成了华夏部落联盟。

炎黄结盟战胜蚩尤，在一定程度上说，是中华先祖统一战线智慧的胜利。黄帝、炎帝不仅是中华民族的人文始祖，也是善于运用统一战线智慧的始祖。涿鹿之战是中国有文字记载的最早的战争，也是中国有文字记载的最早的体现中华先祖统一战线智慧的经典案例。

三、商汤结盟灭夏

2022年12月29日，国际学术期刊《先进科学》第9卷第36期为了重点推介本期刊发的中国科学院水生生物研究所孙永华团队与华中农业大学陈振夏团队的合作研究论文《一个生殖细胞特异的线粒体融合因子调控生殖干祖细胞的维持与分化》，特地在封面位置刊载了具有浓郁中国风情的“大禹治水”图。其实大禹的功劳绝不限于治水，他还是中国第一个奴隶制王朝夏朝的奠基人。只不过让大禹始料不及的是，他打下的江山最后败落在失去人心的不肖子孙桀的手里，而取而代之的是联合邦国共同伐夏的商汤。

黄帝之后，进入颛顼、帝喾、唐尧、虞舜时期。这个时期，随着生产力的进一步发展，他们所生活的黄河、长江流域文明化进程加快，形成了以中原为核心、多元一体的文化格局。特别是这个时期涌现出的大批城邑，除了具有防御功能外，还是强制性权力机构的中心，这样就出现了中国古代国家的雏形——邦国。由于邦国是在部落基础上发展起来的，先前的部落联盟随之也被邦国联盟所取代，但它们的统一战线性质和功能并没有改变。

相传大约4 000年前，尧、舜成为各自邦国之君主，并先后担任了中原地区邦国联盟的盟主。尧、舜盟主位置的更替，实行一种叫作“禅让”的制度。尧年老的时候，在邦国联盟内民主推荐继承人，大家一致推荐德高望重的舜。舜年老的时候，又将权位让给治水有功的禹。

禹姓姒，名文命。为什么又叫禹呢？传说禹的父亲叫鲧，是夏邦国的首领。尧帝时，发生了连续时间很长的特大洪水，给人们的生产生活造成极大影响。鲧受命治水，但历时 9 年效果不彰，被尧问责诛杀。舜担任盟主后，为了团结夏邦国，将鲧的儿子文命收为义子，名之禹。禹的原意是虫子，实则螟蛉。古人误认为有一种叫蜾蠃的虫子不产子，喂养螟蛉为子，因此螟蛉被比喻为义子。面对日益严重的水患，舜主持召开邦国联盟会议，决定让禹领导治水。禹不计杀父前仇，毅然临危领命，在总结其父治水教训的基础上，变堵为疏，并且三过家门而不入，用 13 年的时间，彻底根除了水患，深受人们的崇敬，被尊称为“大禹”，即伟大的禹。

大禹担任邦国联盟盟主后，按照当时的禅让传统，曾在年老时决定将权位传给伯益，但后来实际继位的是大禹的儿子启。这标志着禅让制为世袭制所取代，公天下为家天下所取代，中国由原始社会进入奴隶社会。我国历史上第一个王朝——夏王朝就这样诞生了，大禹便是夏朝的第一位君王。根据国家组织的夏商周断代工程的研究结果，夏代的起讫年代推定为约公元前 2070 年至公元前 1600 年，共传十四代、十七君。

姒癸是夏朝末代君王，但因其死后所获谥号为桀，故史称夏桀。“桀”有凶暴的意思，姒癸获此谥号，可谓名副其实，因为他确实是个暴君。夏桀在位时，内政不修，外患不断，民怨沸腾，危机四伏。但夏桀仍然不思进取，骄奢淫逸，大肆修造豪华宫殿，从各地搜寻美女寻欢作乐。太史令终古看到夏桀如此荒淫无度，便哭泣进谏说：“自古帝王，都是勤俭爱惜人民的力量，才能够得到人民的爱戴。不能把人民用血汗创造的财富供一人娱乐。这样奢侈，只有亡国。”夏桀斥责终古多管闲事，继续我行我素。终古知道夏桀已不可救药，便离他而去。忠臣关龙逢多次劝谏夏桀说：“陛下已经失去了人心，只有赶快改正过错，才能挽回人心。”夏桀非但不听，还将关龙逢杀了。至此，夏桀不仅失去了民心，也失去了臣心，可以说众叛亲离，行将灭亡。

令夏桀想不到的是，推翻他的竟是先前力量并不强大的商汤。那么商汤是如何由弱变强的呢？统一战线发挥了重大作用。

商汤雕像

商汤，子姓，名履，商汤或成汤为其谥号，始祖是与尧帝同时期的契，其所属邦国因居于商水而称商。桀在位时，商汤是夏朝所属方国商国的君主（此时夏朝先前所属邦国很多已发展为文明程度更高的方国，夏朝实际上已成为方国联盟）。他目睹夏桀的暴行，发誓要取而代之，并积蓄力量。首先是广泛招揽人才，无论是奴隶主出身的仲虺，还是厨师出身的伊尹，都委以重任，使他们成为实现政治抱负的左膀右臂。其次是广施仁德，“轻赋薄敛，以宽民氓；布德施惠，以振困穷；吊死问疾，以养孤孀；百姓亲附，政令流行”。有一次，商汤看见一个农夫四面张网捕鸟，认为过于残忍，便让他撤掉三面，只留一面，这就是成语“网开一面”

的由来。许多方国听说这件事后，都称赞商汤是有德之君，纷纷向其靠拢。商汤见时机成熟，便与有缗、有莘氏及薛国等众多方国结成反夏联盟，召开誓师大会，公布夏桀罪行及人民对此的痛恨，明确赏罚措施，然后与夏军展开决战，并大获全胜，夏桀被放逐于南巢（今安徽巢湖）而死，中国第二个奴隶制王朝商朝正式建立。

统一战线的基本功能是争取人心、凝聚力量。夏桀亡国的惨痛教训，是丢掉了中国先祖的统一战线智慧，因失掉人心而失掉政权；商汤创国的宝贵经验，是传承和运用中国先祖的统一战线智慧，因得到人心而得到政权。

四、武王结盟克商

清朝光绪二十五年（公元 1899 年）的一天，担任朝廷国子监祭酒（最高教育机构长官）的王懿荣病了，家人赶紧到京城一家有名的中药房抓药。药抓回来后，王懿荣惊奇地发现，一味叫“龙骨”的中药上面有字，轰动世界的商代甲骨文由此被发现了。商朝因此成为中国第一个有同时期文字记载的朝代，商朝历史成为有文字可查的信史。根据文献记载，从商汤建国到纣亡国，历时约 600 年，共有十七代、三十一王。探究商亡周兴的根本原因，可以惊奇地发现，竟然与夏亡商兴是那样的相似，统一战线在其中仍然充任着关键角色。

商朝建立后，汲取夏朝灭亡的教训，施行仁政，深得民心，商朝政权得到巩固。及至盘庚迁殷（故后世常将商朝称为殷商），武丁继位，商朝进入鼎盛时期。武丁年幼时曾在民间生活过一段时间，深知民众生活的艰辛。所以他当政后，兢兢业业，任用贤臣，农业、手工业有了长足发展，青铜制造达到了很高水平，纺织、医学、交通、天文等方面取得了不小的成绩。特别是他多次用兵平定了周边一些方国的侵扰，拓展了商朝版图和势力范围，促进了中原地区与周边地区的经济文化交流，为商朝晚期社会发展乃至西周社会繁荣，奠定了坚实的基础。

遗憾的是，武丁开辟的太平盛世并没有延续下去。商王朝后期，祖庚以后的七八代商王，早就忘了夏朝亡国的教训、祖先建国治国的经验，因而其在位年数都很短，多则十几年，少则仅三四年。末代商王纣，更是较之夏王桀有过之而无不及的暴君。他大修宫室台榭，在宫殿内与宠妃“以酒为池，悬肉为林”。为了满足奢侈生活需要，他加大赋税，民众苦不堪言，出现了把商王祭祀祖先的祭品抢光吃光的现象。他任用奸臣，排斥忠臣，导致忠心耿耿的比干因谏而死，箕子佯狂，微子出走。更有甚者，商朝属国之一九国国君九侯，将女儿嫁给商王纣，九侯女儿不喜欢纣的荒淫生活，纣一气之下杀了她，还杀了她的父亲，并把她的父亲做成肉酱。鄂国国君鄂侯为此事向纣谏诤，纣又杀了鄂侯，把他做成了肉脯。这样，商王纣便在民众中、朝廷中和属国中人心尽失，亡国就是个时间问题。

担负起伐纣克商历史使命的是周武王。周武王姓姬名发，商朝所属方国周国的国君，史称周武王。周是居于今陕甘黄土高原、渭河流域一带的古老部落。古公亶父为首领时，迁居到岐山脚下的周原，并经几代人的努力，到周武王的父亲周文王主政时，通过施行以惠保小民、与民同乐、勤政节俭、礼贤下士、恭祝先祖为主要内容的德政，使周成为商朝中一个“三分天下有其二”的强大方国，这为周武王伐纣克商创造了条件。

周武王继位后，继承父亲内圣外王的风范，展现了出色的统一战线智慧。一方面，对内重用贤良，继续以姜尚（姜太公）为军师，以贤弟周公（姬旦，周武王之弟，史称周公）为太宰，以召公、毕公、康叔、丹季等为重臣，形成了治国人才荟萃的局面。另一方面，对外积极争取联合更多方国，壮大力量，形成了拥周反商的统一战线。

陕西临潼出土的“利簋”

周武王即位后的第四年（公元前 1046 年）春天，发动了灭商战争。他率军到达孟津（今河南孟州），与前来助战的 800 方国军队会合，并在这里举行了誓师大会，然后亲率大军来到离商都朝歌（今河南淇县）只有 70 里的牧野，与商王纣率领的军队展开了决战。关于牧野之战，历史上有两种说法：一种说法是战斗惨烈，双方士兵血流成河；一种说法是商军阵前倒戈，并没有发生激烈战斗。真相如何呢？1976 年在陕西临潼发现了周武王手下一名叫利的官员制的青铜器，上面的铭文明确写道，周武王率军队在甲子日的早晨伐商，晚上就占领了商，战斗在一天内就结束了。一天之内就结束的战争，显然不会太激烈。出现这样的局面并不难理解，因为在战争之前，民心向背就已经决定了这场战争的胜负。

五、周朝建立后巩固天下共主地位的重大举措

周武王率领盟军克商建周后，实际上成为天下共主。如何巩固这个天下共主地位呢？周武王称王，特别是周武王病逝、周公摄政后，在军事清剿商朝残余势力的基础上，借鉴夏商两朝的一些做法，推出了一系列体现统一战线智慧的重大制度，不仅使周王朝得以传君王三十二代、三十七王，享国 790 年，而且对中国后世产生了重大影响。

一是分封制。这是一种以姬姓王室裔亲和异姓姻亲为主的分封政治制度。分封制度的核心是，受封的诸侯会同时得到土地和人民的封授，建立诸侯国。先后受封的克商功臣有姜太公、周公、召公等。为了安抚商民和礼敬有功德于人民的古代帝王，对他们的后裔也进行分封。这样先后分封的有鲁、齐、燕、卫、宋、晋等 70 多个诸侯国，有效地调整了统治集团内部的利益关系，并起到“封建亲戚，以藩屏周”的作用。

二是宗法制。这是一种按照血统远近区别亲疏的权力继承制度。其核心是嫡长子继承制，目的是完善和巩固分封制，防止王室内部因权力继承问题发生纷争。在这种家国同构的宗法制度下，周王是唯一的、绝对的大宗，各地的诸侯为小宗；诸侯国内，诸侯为大宗，他们再次分封的子弟为小宗；这些子弟还可以通过分封，分出大宗和小宗。大宗和小宗之间，既是血缘宗法上的嫡庶大小关系，又是政治上的君臣上下关系。

三是井田制。这是一种土地制度，因土地划分为许多方块，形似“井”字而得名。按照井田制，井田为周王所有，但

可以分封给诸侯，诸侯可将受封土地分赐给卿大夫，卿大夫可以把土地再分赐给其子弟和臣属。周王对所分土地有予夺之权，各级受封者对土地只有使用权，没有所有权，而且还要向周王承担缴纳贡赋的义务。周王通过这样一种制度，可以有效地控制广大国土，保证国家的经济来源。

四是礼乐制。这是一种规范人们行为的文化制度，分为礼和乐两个部分：礼的部分主要对人的身份进行划分和规范，最终形成等级制度；乐的部分主要是基于礼的等级制度，运用音乐促进人际关系和谐。按照礼乐制，自周王以下，王朝贵族分为公卿、大夫、士三级，诸侯分为公、侯、伯、子、男五级，诸侯之臣也有卿、大夫、士的划分，各自遵守不同的礼仪规定，不得逾越，从而使周王朝成为一个非常安定有序的礼仪文明之邦。特别是周代礼乐制倡导的尚德、尊尊、亲亲、敬老、慈幼，成为对后世影响甚大的道德规范。

统一战线总是建立在利益基础之上的，照顾同盟者利益是建立、发展统一战线的重要条件。周朝建立后实行的以分封制为核心的制度体系，实际上是一种利益分配和保障制度，这对于巩固周王的天下共主地位发挥了关键作用，也极大丰富发展了中国古代的统战智慧。

六、春秋争霸中的会盟

周王朝 790 年的历史，分为西周和东周两个时期。公元前 771 年前，定都镐京（今陕西西安附近）的周王朝被称为西周；公元前 770 年，周平王为躲避西北犬戎之害，将都城迁到洛邑（今河南洛阳）后的历史时期，被称为东周。东周又分为春秋和战国两个时期。春秋因鲁国国史《春秋》而得名，时间为公元前 770 年到公元前 476 年。春秋时期，周王室开始衰微，只保有天下共主的名义，而失去了实际控制能力，因此诸侯国之间争夺霸主的局面便出现了，而这当中具有统一战线特点的会盟，又成为胜出的关键环节。

齐桓公称霸与葵丘会盟。公元前 685 年齐桓公即位后，不仅没有杀害有一箭之仇的管仲，反而拜其为相。管仲也果然没有辜负信任和重托，对齐国进行全面改革，集权中央，奖励农商，充实国库，修整武备，强化军事，齐国迅速成为国富民强的东方大国。公元前 663 年，燕国面临北方山戎攻击而陷入灭国危险时，因无法在孱弱的周王室那里找到庇护，便求救于齐国。齐桓公亲自率军救燕，将山戎击溃。心有感激的燕庄公亲自送齐桓公回师，不知不觉进入了齐境，从而违反了周礼关于诸侯之间相送不能越国境的规定。齐桓公为了使燕庄公不违反周礼，竟然大度地将其所至 50 里的齐国土地全部割给了燕国。各国诸侯听说这件事后，都对齐桓公的大德心悦诚服。这之后，当中原一些诸侯国遭到北方山戎和南方楚国攻击时，齐桓公都能够施以援手，这进一步提高了他在诸侯国中的威望。与此同时，齐桓公还致力于匡扶王室，联合各诸侯国支持周襄王即位，从而取得了周王室的认可。公元前 651 年，在齐桓公的主持下，齐国与鲁、宋、卫、郑、许、曹诸国在葵丘（今河南民权县内）会盟。这种会盟，实质上是诸侯国间会面和结盟的仪式。这次会盟通过的盟约，维护了以嫡长子继承制为核心的宗法制，重申了西周以来一再强调的尊贤重德的政治思想，特别要求诸侯国之间要相互扶持。葵丘会盟是春秋时期第一次有超过四个诸侯国参加的诸侯国会盟，并且周襄王也派人参加，表明周王室和诸侯国公开、正式承认齐桓公为实际上的天下共主，齐桓公由此也成为春秋时期的第一位霸主。

践土会盟雕塑场景

晋文公称霸与践土会盟。备尝流亡艰辛的晋文王即位后，立即整顿内政，发展生产，晋国迅速强盛起来。公元前 635 年，周王室发生内讧，王叔带联合狄人伐周，周襄王避居到郑国。此时齐桓公已死，无助的周襄王陷入绝望之中。晋文公举起“尊王攘夷”的旗帜，主动率大军护送周襄王回到王城，并杀掉了王叔带，解除了周襄王多年来的心腹大患，从而获得了周王室的信任，一些弱小的诸侯国纷纷倒向晋国。公元前 633 年，危在旦夕的宋国遭到南方强国楚国攻击后，赶快向晋文公求救。晋文公又亲率大军驰援，在城濮（今山东鄄城）大败楚军。城濮之战后，晋文公召集八国诸侯在践土（今河南原阳县西）会盟，订立了同心协助周王室、互不侵害的盟约。这次会盟，周襄王亲自到场，策命晋文公为诸侯之伯，标志着晋文公正式成为春秋时期的第二位霸主，同时开启了晋国 100 多年的霸业。晋国成为霸主后，诸侯和盟主之间的权利、义务不断制度化、规范化、礼仪化。据文献记载，在晋国霸业兴盛的 100 多年中，晋国主持的大的会盟就有 38 次之多。

楚庄王称霸与蜀会盟。楚庄王继位时不足 20 岁，每天沉湎于声色犬马，不问政事。3 年之后，忧心如焚的大臣们纷纷进谏，还煞费苦心地给他出了一个含有深意的谜语："南方有一种鸟，它落在南方的土岗上，3 年不展翅、不飞翔，也不鸣，沉默无声，这只鸟叫什么呢?"那时的楚庄王觉察到楚国上下要求富国强兵的迫切心情，于是讲了一段至今让世人铭记的话："虽无飞，飞必冲天；虽无鸣，鸣必惊人。"随后，楚庄王振奋精神，整顿朝纲，发展生产，并主动学习借鉴中原的文明，楚国逐渐成为中原之外最强大的国家。9 年后，楚国发起了挑战晋国霸主地位的邲之战，大获全胜。公元前 589 年，楚国与鲁、秦、宋、陈、卫、郑、齐、曹等 14 国在蜀（今山东泰安西）会盟，确认了楚国的霸主地位。西周以来，一直被视为蛮夷的楚国，终于成为被中原诸侯承认的新的霸主。

领导者是统一战线存在发展的根本保证。那么，什么样的人或集团才能充任领导者呢？春秋时期通过会盟取得霸主（领导者）地位的齐桓公、晋文公、楚庄王等，用他们的统一战线实践揭示了需要具备的三个基本条件，即特质、实力和贡献。所谓特质，就是领导者具有的特殊品质，包括能够顺应社会发展趋势、具有高尚的道德情操和高超的领导艺术等。所谓实力，就是具有强大的经济实力、军事实力、文化实力等。所谓贡献，就是在统一战线中责任重、出力多、贡献大。可以说，谁具备了这三个基本条件，谁就具有了领导资格，反之就会丧失领导资格。

七、战国七雄与合纵连横

有个成语叫"纵横捭阖"，它背后的典故，讲的是战国七雄运用统一战线智慧，通过相互间的联合与分化，进行兼并战争、一统天下的壮阔历史。这里的“纵横”，是合纵与连横的简称，是战国时期广泛运用的两种统一战线方略，并在很大程度上影响着战国七雄的结局，进而影响着中国历史的走向。

进入春秋晚期后，不仅周王室的天下共主地位不保，众多诸侯国的公室地位也岌岌可危。公元前 453 年强大的晋国被韩、赵、魏三家卿大夫瓜分，公元前 403 年逼迫周威烈王将他们列为诸侯。与此同时，另一个大国齐国的政权，也被异姓贵族田和夺取，同样由周王室正式封为诸侯。不仅如此，西周以来只有周朝国君才能享用的王的称号，诸侯国国君公然享用，纷纷称王。

相较于周王室天下共主和诸侯国国君的地位问题，更多的诸侯国面临的是生死存亡问题。西周以来，周王室共分封了数以百计的诸侯国，但经过春秋争霸战争，只剩下十几个，其中比较大的有齐、楚、燕、韩、赵、魏、秦七国，史称“战国七雄”，它们所处时期称为战国时期。

同春秋时期诸侯国竞相争夺霸主地位不同，战国七雄为了获取更多的土地、财富、人口，彼此之间不断开展兼并战争，战争的频繁程度、规模大小、惨烈程度前所未有，像发生在秦国和赵国之间的长平之战，双方投入兵力达百万之多，秦国将 40 余万赵国战俘全部活埋。战国七雄的统治者深知，在如此残酷的兼并战争中，唯有招揽杰出人才、实现富国强兵，才能获胜。七国中最弱的燕国国君燕昭王更是求贤若渴，虚心向该国贤人郭隗请教引才之法。郭隗给他讲了一个“千金买马骨”的故事：有个人用千金求购千里马，3 年都没买到，他的手下自告奋勇去买，结果用 500 金买了一匹死千里马回来。那人很生气，手下解释称，死的千里马您都要，何况活的？郭隗讲完这个故事后说："您可以先从我开始，人们看到像我这样的人都能得到重用，比我更有才能的人就会来投奔您。"燕昭王认为他说的有理，就拜他为师，给予优厚的俸禄，同时让他筑了"黄金台"，作为招贤纳才的地方。这个做法果然十分奏效，天下有影响的政治家、军事家、思想家等纷至沓来，其中包括擅长合纵连横的纵横家。

合纵连横的出现与发展，既同战国七雄的地理位置有关，也同它们的实力有关。当时，齐国在东，楚国在南，燕国在东北，赵国在北，秦国在西，韩、魏在中部。战国初期，齐、秦两国最为强大。战国中后期，秦国引进法家著名代表人物商鞅，对秦国的政治、经济、军事制度进行了彻底改革，特别是重新制定爵位获取、升降、继承等原则，以军功作为赏爵的唯一依据，使秦国军队成为所向披靡的战斗机器，从而成为七国中最强大的国家。与此相适应，最初，合纵就是南北纵列的国家联合起来，共同对付齐、秦两个强国，目的是阻止强国的兼并；连横就是齐或秦联合一些国家，共同进攻另外的国家，达到兼并的目的，或一些国家侍奉齐或秦并以之为靠山，攻击另外的国家，达到拓疆扩土、增强实力的目的。后来，由于秦国成为唯一超级强国，是其他六国的共同威胁，于是合纵成为六国联合抗秦；连横或是秦国分别联合六国中的一些国家，攻打其他一些国家，目的是破坏六国的合纵，实现各个击破，或是六国中的一些国家分别与秦结盟，以求自保。

春秋战国时期楚国人王诩，因隐居云梦山鬼谷（今河南淇县内）又被称为鬼谷子，是纵横家的鼻祖，著名纵横家苏秦、张仪皆出其门下。

苏秦是推行合纵主张的代表人物。苏秦受燕国"千金买马骨”的感召，投奔燕昭王，并向他游说自己的合纵主张。他先从地理位置分析了燕国与赵国的相依之势，接着批评了燕国担忧千里之外的秦国而不担心百里之外的赵国的战略性错误，最后建议燕国合纵赵国，结为联盟。燕昭王对苏秦的分析和建议深以为然，允诺苏秦“如果能以合纵之计维持燕国安定，愿举国相报”，随后资助他前去游说赵国。苏秦向赵肃侯详细分析了赵国与其他诸侯国的关系，并建议赵国组建六国联盟合力抗秦，并强调指出，如此一来，六国一体，秦国一定不敢出兵侵犯，赵国的富国强兵大业也就成功了。赵肃侯也被苏秦的合纵主张说动了，资助他去游说韩、魏、楚、齐四国，同样大获成功。苏秦游说完六国后，它们正式结成了合纵联盟，苏秦被委任为“纵约长”，同时担任了六国的国相，佩戴六国相印。苏秦把六国合纵盟约送给秦国，秦看后生畏，此后长达 15 年不敢越过函谷关东侵。

张仪是推行连横主张的代表人物。张仪到秦国后，宣传自己的连横主张，受到秦惠文王的赞赏和重用，担任了秦国相国。在实施自己的连横主张过程中，张仪认为瓦解齐楚两个老牌诸侯强国之间的联盟最为关键。张仪来到楚国游说楚怀王，说如果楚国与齐国解除盟约、断绝往来，愿意请奏秦王献出商於之地 600 里，并与楚永远结为兄弟国家。商於之地是秦国进攻中原的门户之一，战略位置极为重要，楚怀王经不住诱惑，迫不及待地与齐国解除了盟约。然而，当楚国使者去接受献地时，张仪却说，他和楚怀王约定的是 6 里而非 600 里。楚怀王闻讯后，愤然起兵伐秦。秦国早有防备，况且齐国已不是楚国盟国，因而楚国遭遇失败。经过这次战争，秦国取得了楚国的汉中地区，使先前已攻取的关中和巴蜀地区连成一片，消除了楚对秦本土的威胁，由此秦国势力扩展到中原，这为其实现灭亡六国、一统天下大业迈出了重要一步。此后，秦国进一步实施连横策略，全面瓦解了六国联盟，使之再也无法联合抗秦。公元前 221 年，秦国灭掉了最后一个诸侯国齐国，建立了秦朝，标志着以专制主义中央集权制度为特征的封建社会的正式开始。

战国时期是中国古代统战智慧发展的高峰。因为这个时期不仅全面借鉴了先前的统一战线经验，而且创造了新的经验，其中最为突出的是形成了合纵与连横两种统一战线策略和方法，出现了专职从事合纵连横的纵横家，用今天的话说，就是专门的统一战线工作人才，而这无疑是提高统一战线工作水平的重要条件。

第二章

秦汉时期的统战智慧

1936年2月，毛泽东在陕西清涧县袁家沟筹划率中国人民红军抗日先锋军渡过黄河，开赴绥远对日作战时，突然天降大雪，于是有感而发，写下了著名诗词《沁园春·雪》。该词在描写伟大祖国壮丽山河后，纵论中国封建社会5位有代表性的皇帝，其中有2位是秦汉时期的秦始皇和汉武帝，足见秦汉时期在中国2 000多年封建社会历史中的重要地位。秦汉时期的统战智慧，是在先秦时期的基础上获得发展的，并呈现出封建社会开创时期的一些特点，其中的经验教训对后世产生了重大影响。

一、楚汉相争中刘邦获胜的法宝

公元前221年，秦王嬴政顺应社会发展趋势和人心所向，结束了500多年来诸侯分立、割据混战的局面，完成了统一中国的大业。为了巩固新生政权和维护国家统一，他采取了一系列开创性的重大举措，在中央设三公九卿，管理国家大事；地方上废除分封制，代以郡县制；同时书同文，车同轨，统一货币和度量衡，从而创建了中国历史上第一个中央集权的统一的多民族国家——秦朝。

嬴政认为继续沿用过去“王”的称号不足以彰显自己的丰功伟绩，且自己功高三皇五帝，于是从中各取一字，创设“皇

秦始皇（公元前 259—前 210）像

帝”为自己的专属尊号。他自称始皇帝，规定后世子孙相沿为二世、三世等，并希望秦的统治可以“至于万古，传之无穷”。然而令秦始皇始料不及的是，其缔造的秦帝国大厦，仅仅延续了 15 年，到秦二世便轰然坍塌了。究其原因，主要是秦朝未能顺应渴望统一后能够过上安定富足生活的民意，集中力量发展经济，而是继续发动战争，开疆拓土，服兵役者竟占了青壮年男子的 1/3。而且，秦始皇生活奢侈，在位期间大兴土木，其中仅修造阿房宫、秦始皇陵的就有 70 万人。而为了确保自己意志的实现，秦始皇采用了严刑峻法，全国 2 000 万人口中被强制服役者高达 200 万人。于是“百姓离心瓦解，欲为乱者，十家有七”。显而易见，秦始皇丢弃了助力其统一中国的统一战线优势，违背民意，滥用民力，失去民心，最终失去了政权。

在推翻秦王朝残暴统治的斗争中，陈胜、吴广领导的农民起义功不可没。陈胜出身雇农，年轻时就有推翻秦王朝的“鸿鹄之志”。秦二世元年（公元前 209 年），他与同样是农民出身的吴广等 900 人被征戍守渔阳（今北京密云），途中屯驻大泽乡（今安徽宿州）。因遇雨而失期，“法当斩”，陈胜遂与吴广发动了大泽乡起义，并在陈县（今河南淮阳）建立张楚政权，被推举为王。次年，陈胜被秦将章邯所败。总结陈胜失败的教训，从其自身分析，至少有两个失误。当陈胜还是雇农时，曾对同伴说："苟富贵，无相忘。"及至建政称王，过去的伙伴来看他，只因说了他当年穷困潦倒的旧事，他便把伙伴杀了。毛泽东在阅读《史记·陈涉世家》所述此事时批写了"一误"二字。陈胜建政后任用专横跋扈、残害忠良的酷吏朱房和胡武，致使诸多起义将领不愿再追随他了。毛泽东看到此处批写了"二误"二字。这两个失误表面上看是成功忘本、重用奸人，实质上是不善于运用统一战线智慧，使自己成了孤家寡人，最后被自己的车夫杀害。

陈胜、吴广领导的农民起义虽然失败了，但他们点燃的反秦烈火却在全国燃烧起来，很快形成了项羽领导的江东起义军、刘邦领导的沛县起义军等几支力量比较强大的起义军队伍，并结成了联合抗秦联盟，拥兵40万、打垮秦军主力的项羽成为事实上的盟主。公元前206年秦朝灭亡后，项羽分封了18个诸侯王，自称西楚霸王，建都彭城（今江苏徐州），违背先前先入关者为关中王的约定，封刘邦为汉王，驻守巴蜀、汉中。刘邦不满意项羽的霸道行径，在充分备战的基础上，联合其他反对项羽的力量，举起了反楚的大旗，由此开始了为期4年的楚汉相争。最后，刘邦转弱为强、转败为胜，项羽兵败自杀，刘邦称帝建立汉朝，成为中国历史上第一个平民皇帝。这不能不说是一个奇迹。发生这样奇迹的

刘邦、项羽塑像

原因是什么呢？千百年来，人们一直在进行探索，给出了各种各样的答案。作为当事人的项羽，在自杀前总结失败原因时说："此天之亡我。"这无疑是自我安慰的借口。另一个当事人刘邦在与群臣讨论获胜原因时，认为主要是自己善于用人，而项羽不善于用人，抓住了要害。毛泽东在总结前人看法的基础上，更深刻地指出："项王非政治家，汉王则为一位高明的政治家。"何为政治？毛泽东在延安与胡耀邦讨论这个问题时，曾深入浅出地指出，所谓政治，就是把拥护我们的人搞得多多的，把反对我们的人搞得少少的。因此，毛泽东这里所说的政治家，很大程度上是指善于运用统一战线智慧，努力团结一切可以团结的人的政治人物。可以说，这是刘邦战胜项羽的根本原因，统一战线是刘邦获胜的法宝。这主要体现在以下几个方面。

（一）注重争取人心

毛泽东曾经分析说："刘邦能够打败项羽，是因为刘邦和贵族出身的项羽不同，比较熟悉社会生活，了解人民心理。"刘邦出身农家，虽然不事生产，但比较熟悉基层情况，了解民众的所思所想所盼。因此，他担任沛县起义军首领后，无论是在推翻秦朝统治，还是在楚汉相争的过程中，比较注重了解和顺应民意，从而得到了民众的拥护和支持。刘邦率军最先进入秦朝都城咸阳，接受秦降后，不仅秋毫无犯，还及时宣布废除遭到民众强烈反对的秦朝苛法，并与关中父老约法三章："杀人者死，伤人及盗抵罪。"老百姓用牛羊酒肉慰劳他的军队，他概不接受，且解释说，军中尚不缺粮，不想让大家破费。如此，百姓更加喜悦，十分拥戴刘邦，"唯恐沛公不为秦王"。楚汉战争中，刘邦下令安葬阵亡将士，由官方置办棺材寿衣，护送回家乡，这令百姓十分感动，史称“四方归心”。

反观贵族出身的项羽，缺乏底层生活体验，不太了解民众心理，采取了一系列招民怨、失民心的错误举措。项羽领导自己的起义军，以破釜沉舟的勇气，打垮了秦军主力，迫使20万秦军投降，但他却担心这些降兵心怀异志，将他们全部活埋。他率军进入咸阳后，又杀死早已投降的秦二世之侄、只做了46天秦王的子婴，然后纵容部下将宫中的财宝、美女抢劫一空，并放火烧城，使秦国几百年建下的基业化为灰烬。特别是自封西楚霸王后，他又杀掉了当年为号令起义军、复立为楚怀王的熊心（原楚怀王之孙）。项羽的这些所作所为，使民众大失所望，于是出现了这样的场景：当项羽被刘邦的军队追杀迷路，向一位老农问路时，这位老农故意指错方向，致使其被追上并自刎身亡。所以，这不是项羽认为的老天亡他，而是老百姓也希望他亡。

（二）注重任用人才

统一战线智慧，既是争取人心的智慧，也是任用人才的智慧。刘邦为了实现自己的政治抱负，能够广聚天下英才而用之，包括曾经在敌方阵营效力转而投靠他的人才。刘邦重用萧何、张良、韩信三杰，就集中体现了他的这种用人智慧。萧何是刘邦的同乡，做过沛县县吏，追随刘邦举起反秦义旗后，忠心耿耿、尽职尽责，成为辅佐刘邦治国理政的头等功臣。张良是韩国的贵族，足智多谋，志向是复兴韩国，这使得他不能全心全意辅佐刘邦，但刘邦并不介意，反而当韩王需要张良时，支持他回到韩王身边效力，这使张良大为感动，因而当项羽杀了韩王，断了其复兴韩国的想法后，他就立即回到刘邦身边，成为刘邦的忠诚谋士。韩信是淮阴（今江苏淮安淮阴）人，出身平民，秦末农民起义爆发后，先投靠项羽，不被重用，后投靠刘邦，经萧何举荐，被刘邦拜为大将，展现了杰出的军事才能，平魏国、灭赵国、占齐国、败项羽，为刘邦夺取天下建立了辉煌战功。

反观项羽，奉行个人英雄主义，虽然慕名投奔他的人才不少，但因其既不善于识才，也不知道惜才，更不长于用才，人才先后离他而去，甚至像韩信、陈平等杰出人才，反而加入与之为敌的刘邦阵营。本来，项羽有一个忠诚谋士范增，其才华与张良不相上下，但因项羽中了刘邦不甚高明的离间计，使二人的团结合作产生了严重裂痕，范增不得已辞官回乡，死在路上，刘邦战胜项羽便没有了障碍。

刘邦称帝后，在一次庆功宴上，专门将自己与项羽的用人之道进行了对比，并称这是自己以弱胜强、打败项羽的主要原因。他是这样说的："夫运筹策帷帐之中，决胜于千里之外，吾不如子房（张良）。镇国家，抚百姓，给馈饷，不绝粮道，吾不如萧何。连百万之军，战必胜，攻必取，吾不如韩信。此三者，皆人杰也，吾能用之，此吾所以取天下也。项羽有一范增而不能用，此其所以为我擒也。"

（三）注重群策群力

群策群力是正确决策的重要条件，也是统一战线智慧的重要体现。刘邦虽非文韬武略，但常常能够自以为非，虚心纳谏，广集众智，有效减少了在重大决策上的失误，保证了战略意图的实现。刘邦率先进入咸阳后，被秦帝都繁华所吸引，打算住在宫中好好享受一番。刘邦同乡、屠狗出身的樊哙提醒他："沛公欲有天下耶，将为富家翁耶？凡此奢丽之物，皆秦所以亡也。"张良也劝他："今始入秦，即安其乐，此所谓'助桀为虐'。"刘邦采纳了他们的意见，封存宫室、府库，仍驻军霸上，树立了良好的形象。当刘邦得知项羽违约封他为汉王，而非关中王时，大为震怒，要发兵攻打项羽。萧何等人极力劝谏，可先赴汉中，积蓄力量，待时机成熟后，再与项羽争夺天下。刘邦听从了他们的意见，避免了激愤用兵、以卵击石的严重后果。楚汉战争后期，刘邦逐渐占据上风，但为了让项羽释放自己的父亲与夫人，还是与项羽议和，以"鸿沟"为界平分天下。项羽履约并率兵东归后，刘邦也打算率兵回关中，做半壁江山的主人。张良、陈平则建议，趁楚军兵疲粮尽之机灭楚，否则会"养虎自遗患"。刘邦采纳了他们的建议，挥师追击灭楚，实现了中国的再度统一。

位于河南省郑州市汉霸二王城的"鸿沟"古城墙

反观项羽，刚愎自用，自以为是，听不进不同意见，导致在重大决策上连连失误，最后落得国灭身亡的结局。项羽率军进入咸阳后，范增了解到先期进入咸阳的刘邦的悦民举措，意识到此人是项羽独霸天下的最大敌人，示意在鸿门宴上杀之以除后患，但项羽没有听从范增的建议，放跑了刘邦，铸成大错。自立西楚霸王后，有人建议项羽以四面天险的关中为都城，但项羽贪图虚名说：“富贵不归故乡，如衣绣夜行，谁知之者!”他固执地以故乡彭城为都城，并将提建议的人扔进锅里煮了，再次铸成大错。楚汉战争最后一战，项羽兵败退至乌江。停船靠岸等待的乌江亭长，建议项羽速速乘船东归，并分析说，江东虽小，但土地方圆千里，民众几十万，也足以称王了。但项羽以无颜见江东父老为由，拒绝了亭长的建议，也失去了东山再起的机会，可谓又一次铸成大错。

后人对刘邦和项羽在纳谏方面的不同态度、不同做法以及不同结局，进行了许多研究，并得出了一些具有启示意义的观点。西汉时期著名文学家扬雄在《法言》一书中写道：“汉屈群策，群策屈群力。楚憞群策而自屈其力。屈人者克，自屈者负。”这就是成语“群策群力”的由来。意思是，刘邦善于采纳众人的计策，众人的计策又有利于凝聚群体的力量；而项羽不同，他不虚心接受大家的意见，只依靠自己的勇猛鲁莽行事。善于采纳众人的计策就会胜利，而只凭借个人的勇猛就会失败。1962 年 1 月 30 日，毛泽东在扩大的中央工作会议上说：“从前有个项羽，叫做西楚霸王，他就不爱听别人的不同意见。他那里有个范增，给他出过些主意，可是项羽不听范增的话。”“我们现在有些第一书记，连封建时代的刘邦都不如，倒有点像项羽。这些同志如果不改，最后要垮台的。”在这里，毛泽东将群策群力上升到了关系党员干部成长，乃至党的事业兴衰的高度。

（四）注重照顾利益

刘邦与大臣讨论自己得天下、项羽失天下的原因时，有的大臣发表看法说："陛下派人攻城略地，攻下了城邑就封给他，与天下人同享利益。而项羽妒贤嫉能，有功的人遭陷害，贤良的人被怀疑，打了胜仗不论功行赏，攻占了土地不给人好处，这就是他失去天下的原因。"对此刘邦也是认同的。在人类社会中，人们之间的关系本质上是利益关系，统一战线是建立在共同利益基础之上的，这决定了统一战线智慧从根本上说是合作共赢、利益共享的智慧。正如刘邦的大臣所说，刘邦十分注重论功行赏，满足将士们的利益需求，这在韩信身上体现得最为充分。韩信作为卓越的军事指挥人才，对他的团结使用，在很大程度上影响着刘邦夺取天下大业的实现。因此，当韩信攻占项羽的支持者齐国，试探着要求刘邦封他为假齐王时，刘邦接受张良的建议，表示要封就封真齐王，何必要假的。韩信甚为满意，因而当项羽派人劝说韩信加入反汉联盟，项、刘、韩三分天下时，韩信不愿背恩负义，断然拒绝，使胜利的天平倒向了刘邦。当楚汉战争进入决胜阶段时，刘邦又给韩信加封土地，进一步调动了韩信的积极性，形成了灭楚的强大合力。

反观项羽，正如刘邦的大臣所评论的，不仅未及时论功行赏，而且存在奖赏不公的现象。项羽在分封诸侯时，不承认业已存在的诸侯国，重新进行分封，并将富裕、重要的地方分封给自己的亲信，而将与自己疏远的将领封到穷困偏僻的地方，引起了众多抗秦盟友的不满，成为这些盟友日后加入刘邦反楚联盟的重要诱因。

二、与民休息与文景之治

1972 年，湖南省长沙市马王堆考古发现了距今 2 100 多年的汉初墓葬，其中除出土了震惊世界的完好女尸、薄如蝉翼的素纱禅衣等珍贵文物外，还出土了道家的经典文献《老子》。这不是偶然的。汉朝建立后，从汉高祖刘邦开始，一直到汉文帝、汉景帝的 60 多年里，都奉行“无为而治”的黄老哲学，践行与民休息的理念，整个社会得到了休养生息，逐渐实现了国富民强，史称“文景之治”。

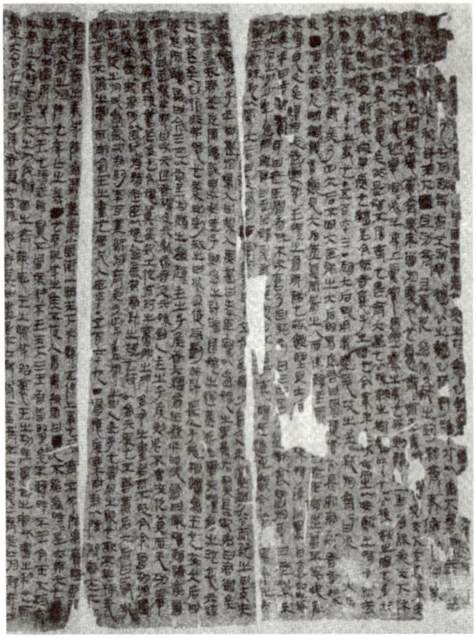

马王堆出土的帛书《老子》

刘邦登基后，面临的首要政治难题是处理以韩信为代表的帮他夺取天下的昔日盟友的关系。刘邦先后承认和分封的韩信等 7 位异姓诸侯王，占据了汉朝大半疆土，并且可以直接管理封地，征收赋税，拥有军队，其实力足以与中央政权相抗衡，是王朝稳定统一的巨大隐患。所以，当燕王臧荼率先谋反后，刘邦及其后的几位皇帝以各种理由，先后废掉了其他异姓诸侯王，代之以刘姓诸侯王。接着，又采纳贾谊“众建诸侯而少其力”的策略，使诸侯国的实力大减，不再构成对中央政权的威胁，郡县制逐步确立起来。

较之诸侯国问题，汉初统治者面临的更深层的政治难题，是如何尽快医治秦末战争给经济社会造成严重破坏的巨大创伤，继续赢得民众的拥护和支持。据史料记载，汉初物价飞涨，小米每石从平日的七八十钱涨至 5 000 钱，许多地方出现人吃人的现象，人口损失过半，到处是破败景象。甚至虽然贵为皇帝的刘邦，都凑不齐四匹同样颜色的马驾车，有的将相只能乘坐牛车。而对如此严峻的社会现象，无论是刘邦，还是汉文帝、汉景帝，都保持了清醒的头脑，深刻汲取秦朝灭亡的惨痛教训，采取了一系列体现统一战线智慧的顺民意得民心的重大举措，让百姓休养生息，使政权得以巩固。

（一）鼓励生产，轻徭薄赋

刘邦称帝后，就下令解散军队，让士兵复员回乡，给予优先授田、免除赋税徭役等优惠待遇，同时令战乱中逃亡的百姓各归本土，因饥荒自卖为奴婢的赦为庶人。汉文帝即位后，先后两次下诏免除百姓一半田税，将十五税一的税率降为三十税一，后来更是下令连续 11 年免除全部田税；大力减少徭役，将成年男子的徭役由每年服役减为每三年服役一次；多次下诏劝课农桑并率先垂范，恢复古代帝王亲耕籍田、皇后亲桑的礼仪。汉景帝在位时，将三十税一税率明确为定制，为后世所继承；将男子服劳役的年龄从 17 岁提高到 20 岁；为了让农民安于生产，下诏对征发百姓采集黄金珠玉的官吏，以贪赃罪论处。

（二）废除峻法，减轻刑罚

文帝十三年（公元前 167 年），汉文帝看到一位叫缇萦的女孩的上书，很受触动。这个女孩的父亲因犯法被判肉刑。她上书为父亲鸣不平："死者不可复生，人被处肉刑就不能恢复原样，即使想改过自新，也没有办法。妾愿意没官为婢，赎父亲的罪。”汉文帝以前，就有墨、劓、宫、刖、杀等残酷肉刑，并且人一旦被判刑，便终身为徒隶，不能恢复自由身份。汉文帝接到女孩的上书后，颁令废除肉刑，以笞刑、服役替代，并将无期刑改为有期刑。这之前，他还下诏废除“收帑相坐律令”，即不再对犯人亲属实行连坐，将他们没官为奴。废除“诽谤妖言”“祝诅上（诅咒皇帝）罪”，给予一定的言论自由。汉景帝进一步减轻刑罚，并强调疑罪从轻的原则。据统计，文景时期共颁布了 8 次大赦令。

（三）厉行节俭，以德化民

刘邦在位时，他和大臣们都十分俭朴。汉文帝继承发扬了这种俭朴作风，自己一直穿着黑色粗丝做的衣服，最宠爱的妃子慎夫人不穿贵族妇女流行的曳地裙服，出行的车马久不更换。他曾经想建一座露台，得知要花费百金（约 100 万钱），便说：“百金，相当于中产之家十户的家产，我侥幸奉先帝的宫室，常常担心辱没了先帝，还建什么露台。”于是放弃了先前的想法。汉文帝驾崩前遗诏薄葬：“朕闻之，盖天下万物之萌生，靡不有死。死者天地之理，物之自然者，奚可甚哀！当今之世，咸嘉生而恶死，厚葬以破业，重服以伤生，吾甚不取。”史载，汉文帝“治霸陵，皆瓦器，不得以金银铜锡为饰，因其山，不起坟”。这样简朴的陵墓在中国 2 000 多年封建社会帝陵中绝无仅有，其节俭在历代皇帝中也十分罕见。汉景帝时期，在年成不好的时候，下诏不接受郡国贡献，降低皇宫伙食标准。

位于陕西省西安市的霸陵遗址

景帝后元三年（公元前 141 年），48 岁的汉景帝病逝，此时汉朝建立已有 61 年。据司马迁在《史记》中记载，在开国皇帝奠定基础上，经过汉文帝、汉景帝的尽心治理，汉朝的社会面貌发生了巨大变化：如果没有水旱等灾害，百姓都人给家足。国库的钱，数以亿计，因长期不用，穿钱的绳子都腐朽了，数都没法数。粮仓里堆满了新旧粮食，以致没地方存放，只好放在外面，腐烂不可食。地位卑贱的看门人都吃上了小米和肉。史学家称誉这个时期为“文景之治”，这是中国封建社会的第一个盛世。实践证明，汉初统治者实行的体现统一战线智慧的与民休息政策是成功的，既使民众受益，也赢得了民心。由此也证明了一个真理，得民心者得天下，得民心者坐天下。同时还证明了一个真理，统一战线是夺取政权的法宝，也是巩固政权的法宝。

三、汉武帝没有罢黜统一战线

秦统一中国后，以法家思想建立国家制度，儒家和其他诸家的思想受到排斥，甚至出现了焚书坑儒的极端做法。汉代秦

汉武帝（公元前 156—前 87）雕像

后，道家的无为而治思想更符合当时的社会条件，因而占据了主导地位，并为迅速医治战争创伤，实现文景之治作出了贡献。汉武帝刘彻即位后，文景盛世下隐藏的深层社会矛盾，尤其是世风败坏问题日益突出，促使汉王朝不得不对以往的治国理政思想进行反思，采取积极措施予以应对。这样，在统治思想上，逐渐脱离黄老学说，转向积极有为的儒家学说。

建元元年（公元前 140 年），汉武帝采纳丞相卫绾的奏议，凡是学习申不害、商鞅、韩非、苏秦、张仪学说的人，不得推选做官，同时迎儒家耆宿申公来朝，这意味着汉武帝摒弃了法家、纵横家思想，要用儒家思想治理国家，整顿混乱的社会秩序。元光元年（公元前 134 年），汉武帝进一步采纳了汉代经学奠基人董仲舒的建议："诸不在六艺之科、孔子之术者，皆绝其道，勿使并进。"东汉班固在《汉书·武帝纪》中这样评价汉武帝的这个做法："孝武初立，卓然罢黜百家，表章《六经》。"这也就是后人所概括的"罢黜百家、独尊儒术"。

"纵横"系合纵连横的简称，是战国时期实现结盟与瓦解结盟的两种主要方略，也就是统一战线的策略方法。汉武帝罢黜纵横家学说，是真的丢弃统一战线了吗？答案当然是否定的。这是因为，志存高远的汉武帝要想成就一番伟业，单靠自己甚至家族的力量是远远不够的，必须运用统一战线智慧，形成积极有为的合力。事实上，汉武帝的确是这样做的。

汉武帝在位 54 年，功业彪炳史册，除了其个人的雄才大略以外，还在于他十分重视发现、培养和使用杰出人才。建元元年（公元前 140 年），汉武帝即位后颁发的第一道诏书，就是命令各地举荐贤良方正、直言极谏之才。此后，于元光元年（公元前 134 年）、元光五年（公元前 130 年）、元朔元年（公元前 128 年）、元封五年（公元前 106 年），先后四次颁发专门的求贤诏书，体现了求贤若渴的态度。他在元封五年的求贤诏书中特别指出，金无足赤、人无完人，要正确看待和使用那些有毛病的人才。他写道："盖有非常之功，必待非常之人，故马或奔踶而致千里，士或有负俗之累而立功名。夫泛驾之马，跅弛之士，亦在御之而已。"意思是，凡要建立不寻常的功业，必须依靠不寻常的人才。所以，有些狂奔踢人的马，都是日行千里的良马；有些常被世俗议论讥讽的人，却是能建功立业的奇才。对于可能翻车的马，以及放荡不羁的人，关键在于如何驾驭使用。

难能可贵的是，汉武帝还在总结历史经验的基础上，推出了察举制，将发现、使用人才纳入了制度化轨道。察举制上承先秦时期的世官制，下启隋唐时期建立完善的科举制，其主要特征是由地方长官在辖区内随时发现考察人才，并推荐给上级或中央，经过考核试用后再任命官职。正是由于汉武帝重视人才，并通过察举制及其他方式发现人才，从而使政治、经济、文化、军事等各方面人才源源不断汇聚在他的身边，为他成就伟业提供了可靠的人才保证。东汉著名历史学家班固评价汉武帝的人才思想和实践成果时说：“汉之得人，于兹为盛。”

汉武帝最伟大的功绩，莫过于基本解决了北方匈奴的侵扰问题，同时于四周开疆拓土，建立了东抵日本海、黄海、东海及朝鲜半岛中北部，北逾阴山，西至中亚，西南至高黎贡山、哀牢山，南至越南中部和南海的庞大帝国，疆域较秦朝扩大了近 1 倍，达 609 万平方公里。因此，其死后谥号为“孝武”，可谓实至名归。但如果认为汉武帝一味穷兵黩武，那就错了，实际上他在解决匈奴等边患问题时，也是重视运用统一战线智慧的，其中最典型的事例是坚持和亲政策和派张骞出使西域。

战国中期，北方匈奴崛起，不断蚕食、征服周边弱小民族，时常南下侵扰中原地区。汉初，汉高祖刘邦曾亲率 30 万大军阻击匈奴，在平城（今山西大同东北）之战中险些被俘。这使刘邦认识到，当时尚不具备武力解决匈奴问题的国力，于是采取了与之和亲的政策，主要内容有以下四点：一是将一位公主嫁给匈奴单于（匈奴人对其部落联盟首领的专称）；二是汉每年给匈奴大量丝绸、酒、食物等礼物；三是汉与匈奴结为兄弟国家；四是双方以长城为界，互不侵犯。建元六年（公元前 135 年），匈奴派使者前来和亲，汉武帝召集群臣商议，主和派占了上风。汉武帝听从了多数大臣的意见，继续采取和亲政策。

和亲政策缓解了汉匈之间的紧张关系，为实现文景之治赢得了宝贵时间。但因匈奴一旦遭遇灾荒就撕毁和约，南下掳掠，从而使匈奴问题成为汉的心腹之患。壮志激扬的汉武帝，决心利用文景之治提供的国力基础，通过武力彻底解决匈奴问题。不过，对于汉是否具备独自战胜匈奴的能力，他没有十足的把握，他需要同盟者。他了解到，匈奴打败大月氏后，大月氏人西迁至西域一带。于是，他决定派人出使西域，联络大月氏人，组成反匈联盟，共同夹击匈奴。

建元二年（公元前 139 年），年轻的郎官张骞，受汉武帝的委派，率领 100 多人的队伍，从长安出发，出使西域的大月氏。汉时，将玉门关、阳关以西包括今新疆和中亚的广大地区称为西域，这里分布着数十个国家。不幸的是，张骞一行经过匈奴地域时被俘，10 年后伺机逃脱，辗转到达已迁居沩水流域的大月氏。但大月氏已经在这里安居乐业，无意东归，更无意与匈奴开战。张骞无奈返回，途中又被匈奴抓住并扣留 1 年多。13 年后的元朔三年（公元前 126 年），经历千辛万苦的张骞回到长安，向汉武帝复命。虽然张骞此行的预期目的没有达到，而且这期间汉武帝在军事上已经取得重大胜利，迫使匈奴向西迁移，但自此打通了中国通往西方的道路，故被称为“凿空西域”。

张骞出使西域图

元狩四年（公元前 119 年），汉武帝派张骞再次出使西域，目的地是位于伊犁河流域的乌孙国。该国是西域大国，也是匈奴的重要盟友，在汉匈博弈中具有举足轻重的地位。张骞此行的任务，是说服乌孙弃匈奴而亲汉朝。尽管乌孙国尚不愿与匈奴为敌，但表示愿意与汉为友，这无疑是一个好的开始。元封六年（公元前 105 年），乌孙王同意和亲，迎娶了细君公主，标志着乌孙终于从亲匈奴转为亲汉，从而进一步巩固了汉对西域的控制。中国与西方国家的交通从此畅通无阻，因当时的贸易以丝绸为主，故此条道路被称为“丝绸之路”。“丝绸之路”产生了长远影响，甚至影响着当今中国与世界。

四、从万众拥戴到万众反对的王莽

西汉末年的几位皇帝，或荒淫无道，或年幼无知，把祖先创造的昌盛局面，一步步糟蹋殆尽，导致政治黑暗，经济衰败，民不聊生，危机四伏，从官员到百姓，普遍都希望进行社会变革。

元始四年（公元 4 年），先是 48 万民众以及诸侯、王公、宗室上奏皇帝，请求加赏王莽，继而又有公卿大臣 900 人请求为王莽加九锡。九锡是皇帝赐给诸侯、大臣中有特殊功勋者的九种礼器，包括车马、衣服、乐则、朱户、纳陛、虎贲、斧钺、弓矢、秬鬯，是最高礼遇的表示。皇帝采纳了公卿大臣和广大民众的建议，赐予王莽象征至高无上礼遇的九命之锡，他也成为中国古代获此殊荣的第一人。显然，此时的王莽可谓万众拥戴，并成为朝野上下实现社会变革的希望。王莽，何许人也，因何德何能获得万众拥戴？

第一，他是孝悌谦恭之人。王莽祖籍山东章丘，是新都哀侯王曼次子。他的幼年十分不幸，父亲和兄长先后去世，跟随叔父一起生活。他的家族地位显赫，先后有 9 人封侯，5 人担任大司马，其姑王政君更是大名鼎鼎的孝元皇后。但王莽并没有沾染纨绔子弟的恶习，“独孤贫，因折节而恭俭”。他倾情服侍母亲和寡嫂，抚育哥哥的遗子。伯父王凤生病，他几个月不解衣带，精心护理，亲尝汤药。汉代虽然独尊儒术，但与传统儒家学说又有所区别，特别重视孝道，并且成为评价一个人的道德水平，乃至选拔官吏的重要尺度。正因为如此，在旁人眼中，王莽是道德楷模，备受人们尊敬。

王莽（公元前 45—公元 23）像

第二，他是廉洁济民之官。王莽从 24 岁开始做官，由于他廉洁自律，勤政济民，加之其家族的提携，38 岁时就担任了大司马。此时的大司马，既是外朝首领，又是内辅之臣，可谓位高权重。尔后，因为王莽的女儿成了皇后，他被加号“宰衡”，位居诸侯王公之上。随着官越做越大，王莽愈发严格要求自己和亲属，尽力为民众做实事好事。每遇水患、旱灾，王莽就只吃素食。有一次，一些官员来家里看望王莽母亲，见到他的夫人衣不曳地，破布蔽膝，还以为是他的婢仆。有一年，王莽的次子王获杀了一个奴婢，按律不需偿命，但他逼迫王获自杀。王莽为官以后，常把自己的俸禄分给门客和平民，甚至卖掉了自己的车马去接济穷人。有一年夏天大旱，有些地方飞蝗成灾，王莽为赈灾救荒，带头捐钱百万，献田 30 顷。满朝公卿纷纷效仿，就连太后也把自己“汤沐邑”10 个县的收入用于赈灾。王莽还将皇室的呼池苑改设安民县，让贫民迁居。沿途饮食及所需田宅、器具、犁牛、种子、粮食等都由官府供给。他还在首都长安城中建造五个里，有住宅 200 区，让流民居住。汉代既看重孝，还看重廉。王莽不仅在家孝，为政廉，还尽力为民造福，因而获得朝野上下交口称颂。

第三，他是饱读诗书之士。王莽的孝悌谦恭、廉洁济民之行，根源于其好学、笃行经学之理。汉武帝采纳董仲舒建议“罢黜百家、独尊儒术”后，儒学转变为经学，成为汉代政治统治理论。在这种社会氛围下，王莽从小就勤奋好学，拜当时名儒陈参学习《礼经》等经学经典。担任大司马后，他任命著名经学家刘歆为“羲和”（主管意识形态和学术文化的最高领导人），在长安为学者建造 1 万套住宅，大力研究和宣传礼乐教化。王莽这样做的目的，不仅仅是使自己的道德更加完善，更重要的是想将经书中的要求付诸实践，建设一个能够造福大多数人的社会，甚至人人平等的大同世界。正如他在一份上书中所写：“古时候市无二价，官无狱讼，邑无盗贼，野无饥民，道不拾遗，男女异路，应将古制颁示天下。”这样一个理想社会，不仅使王莽自己无比兴奋，也让天下儒生为之倾倒，同时也让广大民众深受鼓舞。显然，这时的王莽俨然成了经学所推崇的修身、齐家、治国、平天下的圣人，自然也就成了人们心目中理想的推进社会变革的改革家。

王莽深知，要将自己的理想付诸实践，离不开权力的推动。于是，汉平帝病亡后，他立年仅 2 岁的刘婴为皇太子，自己代天子摄政。初始元年（公元 8 年），王莽逼迫其姑姑、太皇太后王政君交出传国玉玺，接受刘婴禅让后称帝，改国号为“新”，称“始建国元年”，从而获得了至高无上的权力。历时

210 年的西汉王朝结束了，王莽新政开始了。令人颇感意外的是，王莽推行新政不过几年，就由万众拥戴走向万众反对。新朝地皇四年（公元 23 年），王莽被攻入长安的农民起义军杀死，延续只有 16 年的新朝灭亡了。事情何以至此？除了天灾，这还要从王莽的惠民新政内容去分析。

第一，改革土地制度，实行“王田制”。西汉末年土地兼并现象十分严重，导致土地集中到少数大官僚、大地主、大商人手中，大量农民因为没有土地而变成流民，严重影响着社会稳定。针对这种土地占有不公现象，王莽在全国范围内推行王田制度，将全国土地国有化，不允许自由买卖。具体规定，一对夫妇耕地 100 亩，不足的由官府补足。王莽推行“王田制”的本意是消除土地占有不公现象，实现耕者有其田。但因为这项制度触犯了土地所有者，特别是大官僚的核心利益，因而遭到他们的顽强抵制，根本无法落实，很快就废止了。

第二，改革奴婢制度，禁止奴婢买卖。奴婢问题与土地问题是密切相关的。西汉中后期，随着土地兼并现象日益严重，很多失地农民不得不卖身为奴。而且那时的奴婢是主人的私有财产，他们和自己的子女都没有人身自由，主人可以将他们像牲畜一样随意买卖。王莽认为，这严重违背经学“天地之性人为贵”的主张，因此奴婢制度必须废止，逐渐实现人人平等。但由于占有奴婢最多的仍然是那些大官僚、大地主和大商人，所以他们像反对“王田制”一样，顽强抵制这项废奴政策，最后也因无法落实而废止。令王莽始料不及的是，废奴政策甚至没有得到广大奴婢的拥护。因为这些被解救出来的奴婢依然没有获得土地，又失去先前在主人家的生活来源，成了真正的无依无靠的流民。

第三，改革财税制度，实行“五均六筦”。这些政策在汉武帝时期曾经实行过，王莽又有新的发展，主要目的仍然是消除贫富差距。所谓“五均”，就是在长安及洛阳、邯郸、宛、成都等大城市设立五均官，管理市场，平抑物价，防止商人操纵市场。同时民众经营生产缺乏本钱的，可低利借贷。所谓“六筦”，就是由国家掌握盐、铁、酒、铸钱、五均赊贷五项事业，不许私人经营；同时由国家控制山林川泽，私人经营其中的资源国家要收税。“五均”政策由于损害了官僚集团的利益，无法得到他们的支持，王莽只能依靠富商大贾来推行，这样反而形成了危害更大的官商垄断集团，最终百姓难以受益。“六筦”政策则损害了众多正当商人、手工业者的利益，使他们在官营商业体制下失去了立足之地。

王莽从万众拥戴到万众反对的教训，从统一战线角度来总结，是十分深刻的。统一战线具有战略性，也具有策略性，还具有艺术性。战略性决定策略性和艺术性，策略性和艺术性影响战略性。具体说来，统一战线的战略性集中体现在争取人心、凝聚力量的战略目标上，策略性和艺术性集中体现在为实现战略目标所采取举措的强弱度、推出时机的精准度、采取方式的灵活度等诸多方面。王莽的教训在于，他重视了战略性，而忽视了策略性和艺术性。称帝前，他之所以受到万众拥戴，是他做了多数人做不到的善举，成为人们心目中的圣人；称帝后，他之所以为万众反对，是要求多数人（尤其是官僚集团多数人）去做只有极个别圣人才能做到的善举，同时把遥远未来才能做的事情放到当下去做，从而由惠民的愿望出发，得到的却是伤民的结果，最后成了人们心目中的罪人。

五、士大夫群体的高光时刻和至暗时刻

王莽新政失败后，人们怀念西汉初期政治清明、生活安定的治世局面，复兴汉室成为人心所向。汉高祖刘邦九世孙刘秀顺应人心思汉的社会潮流，传承先祖的统一战线智慧，成功地将人心思汉的社会思潮转变为支持其复兴汉室的强大力量，先后击败了称霸各地的割据势力，于建武元年（公元 25 年）称帝，是为光武帝，重建汉政权，统一了全国。这一政权因定都长安之东的洛阳，史称东汉。

如何安置作为昔日盟友的开国功臣，是所有新兴王朝都会面临的突出问题。光武帝刘秀吸取汉高祖刘邦因诛杀韩信等功臣留下恶评的教训，采取了“退功臣而进文吏”的做法。所谓“退功臣”，就是解除功臣的权力（尤其是兵权），降低他们的政治地位，但给予高爵、厚赏，有的还给予特进、朝请等荣誉性特权，简言之，就是生活上养起来，政治上闲起来。所谓“进文吏”，就是大量选进懂得治国安民的文士儒士，任用他们治理国家。光武帝通过这项措施，实现了向文治的转变，确立了一整套以文官为中心的体制，并逐渐形成了一个士大夫群体。可以说，他们是中国知识分子的先驱。

汉武帝罢黜百家、独尊儒术后，创立了世界教育史上有确切文字记载的第一所“国立中央大学”——太学，主要任务是传承儒学经典、培养政府官员。太学中担任传道授业之职的是

五经（《诗》《书》《礼》《易》《春秋》）博士，生员来自全国各地，统称为太学生。到东汉后期，聚集京师洛阳的太学生已达3万多人。太学生的学习目的十分明确，就是入仕做官。因此，太学生是士大夫群体的重要组成部分。

东汉中后期政治生态环境日益恶化，无论是中央还是地方，普遍出现了党同伐异、任人唯亲的现象。太学生人数激增，原本官场竞争已经十分激烈，而选拔官吏方面的黑暗与不公，又加剧了入仕的难度。此种情况下，太学生们根本无法再“两耳不闻窗外事，一心只读圣贤书”了。他们除了关心个人前途外，还关心民生疾苦、国家命运。而这些问题，也正是朝廷中一些正直官员关心的问题，所以他们逐渐与太学生中的领袖联合起来，以匡扶王室、维护正义为目标，以言论批判为武器，针砭时弊，抨恶褒善，宛如污浊社会中的一股清流，故而被称为清流派士大夫群体，并且在社会上获得了很高声誉和尊重。据史料记载，东汉后期著名将军皇甫规，不怕勇猛的羌人，不畏权势遮天的官僚，独惧清流派的名士。有一天，一个名叫王符的年轻书生登门拜访，他“惊遽而起，衣不及带，屣履出迎”，原因很简单，王符是清流派的名士。可以说，这是东汉士大夫群体的高光时刻。

在东汉的官僚体制中，与士大夫群体并重的，还有两个政治群体，一个是外戚群体，另一个是宦官群体。所谓“外戚”，指皇帝的母亲和皇后方面的亲戚。皇帝年幼时，外戚往往干政擅权，成为一股十分强大的政治势力。所谓“宦官”，是指在宫中服侍皇帝与后妃的阉人。东汉后期，宦官人数已经达到2 000多人，他们深度干预政事，俨然成了政治舞台上的主角。延熹二年（公元159年），汉桓帝刘志借助宦官的力量，铲除了权倾一时的外戚梁冀，多名宦官因功封侯，标志着东汉进入宦官专权时代。这些宦官倚仗皇帝的宠幸，飞扬跋扈，为非作歹，被士大夫群体视为万恶之源，成为批判和抨击的主要对象。

延熹九年（公元166年），著名清流派旗帜性人物、司隶校尉李膺处死了一名故意杀人犯。该犯的父亲叫张成，他唆使儿子杀死了仇人。李膺审理此案期间，恰逢皇帝颁发大赦令，但李膺并未按令放人，而是毅然处死了这个杀人犯。原因很简单，张成是宦官们的座上宾。张成在宦官的支持下上书皇帝，控告李膺等人收买太学生，结党营私，诽谤朝廷，惑乱人心。对于皇帝来说，群臣如果结党营私，会对皇权造成重大威胁。所以，汉桓帝听信了宦官们的说辞，把清流派士大夫群体称为“党人”，并下令在全国范围内进行收捕，李膺等数百名“党人”陷入牢狱之灾。所幸在太尉陈蕃、外戚窦武等朝廷重臣苦苦求情下，汉桓帝大赦天下，李膺等人幸免于难，但却被禁锢终身，永远不得为官。这就是东汉历史上的第一次“党锢之祸”。

永康元年（公元167年），汉桓帝病亡，13岁的汉灵帝刘宏即位后，朝廷重臣重新洗牌，窦太后的父亲窦武和本属清流派官员的陈蕃受到重用，分别担任大将军和太傅。他们精诚合作，用心辅政，任用贤良，特别是为李膺等“党人”平反昭雪，促进了清流派群体和外戚群体结成同盟。如果说以前清流派群体同宦官群体的斗争主要是批判和抨击的话，现在则是试图彻底铲除这个黑恶势力，并且取得了以窦武为代表的外戚群体的支持。建宁元年（公元168年）五月的一天，洛阳上空出现日食天象，朝野上下惊恐不安。在汉代人们的观念中，这是上天对皇帝施政不当的谴责。窦武、陈蕃等人立即借机上奏，称宦官干政招致天怒人怨，必须将他们统统革职，全部绳之以法。这个奏章是呈送窦太后亲阅的，然而太后身边的宦官当时就偷窥到了这些杀气腾腾的文字。一些平时并无恶行的宦官被激怒了，他们怒吼道："为非作歹的宦官固然该杀，可是我们这些人并无罪过，为何要被族灭！"生死关头，宦官们团结起来，连夜行动，软禁了窦太后，劫持了汉灵帝，又以皇帝和太后的名义发布平乱诏令。窦武仓促组织军队应战，无奈他的士卒不敢攻击皇帝的羽林军，且纷纷倒戈，窦武兵败自杀。陈蕃闻讯后，不但没有退却，反而率领门生、属吏 80 多人冲入皇宫抗争，最终被害。随后，在宦官的授意下，朝廷下令，在全国范围内缉拿"党人"，李膺等百余名清流派士大夫被处死。朝廷还下诏，"党人"的门生、故吏、父子兄弟及五族内的亲属都禁锢终身，不得做官。这是东汉历史上的第二次"党锢之祸"，也是士大夫群体的至暗时刻。

在东汉三支重要政治力量中，清流派士大夫群体和外戚群体联合起来，并没有取得反对宦官群体的胜利，原因何在？统一战线要求团结一切可以团结的力量，具体包括：巩固自己力量，争取中间力量，分化敌对力量。窦武、陈蕃结成的反宦官联盟的失误在于，没有把宦官群体中的人作左中右的区分，而是不加分别地把所有宦官作为打击对象，促使原本不睦的宦官们团结起来，并利用在皇帝、太后身边服侍的优势，及时掌握情况，全力反击，从而转危为安。打击面要小，团结面要宽，这是统一战线智慧的真谛。

六、太平道与黄巾起义

春秋时期著名思想家李耳，是道家学派创始人，著有《道德经》，一向主张无为而治。西汉前期的统治者采纳他的学说，与民休息，缔造出令民众思念的“文景之治”。不过，汉武帝“罢黜百家、独尊儒术”后，儒家学说上升为国家的主导思想，老子和他的政治主张不再被官方重视，但是在民间仍然具有广泛影响，并在以前基础上不断有新的著作问世，对推动道家学说向道教的发展发挥了重大作用。先是在西汉汉成帝时，齐人甘忠可将老子思想与谶纬学说结合，同时披上神话的外衣，编著了《包元太平经》一书，献给了朝廷。鉴于该书提出汉家气运已完，应重新受命于天，故朝廷以其借鬼神欺上惑众的罪名，把他关进了大牢。继而在东汉汉顺帝时，又有齐人宫崇向皇帝奏上方士于吉编著的《太平经》（又称《太平清领书》）。该书有 120 卷，内容繁多，主要是重新构筑了天人合一思想；勾勒了一个平均、平等的理想社会图景，提出了一套无为而无不为的统治术；提出了修道者的修身养性术；强调人们只有信修正道，才能断除灾异而得道成仙。因有人奏称该书“妖妄不经”，便封存在了皇家的书库里。汉桓帝时，著名方士襄楷又向皇帝推荐这部书，皇帝依然未予重视。

与汉代统治者的态度截然不同，冀州钜鹿（今河北巨鹿）人张角却对这些书，特别是于吉的《太平经》爱不释手，并据此创立了一个道教组织——太平道。张角为什么要这么做，又意欲何为？这不能不说到东汉后期的形势。这个时期，旷日持久的对西北羌人的战争，给东汉王朝带来沉重的经济负担，也给百姓带来无尽痛苦；战争之外，土地兼并现象日趋严重，大多数农民丧失土地；加上连年灾荒瘟疫，黎民贫病交加、走投无路，于是不得不背井离乡，四处流浪乞食，成为流民。据统计，汉桓帝时流民竟达数十万户，成为一个庞大的群体。愤怒的流民到处暴动，并且规模越来越大，次数越来越多，从汉安帝到汉灵帝的 80 多年间就有近百次，严重威胁着东汉王朝的统治，因而每一次都遭到残酷镇压，最终都失败了。胸怀推翻东汉王朝黑暗统治大志的张角，认真分析了这些暴动失败的教训，认为主要是缺乏组织，力量分散，没有形成合力，因而他决定进行全新探索，利用《太平经》，成立太平道，将广大流民和其他穷苦民众团结起来，体现了他独到的统一战线智慧。

汉灵帝光和二年（公元 179 年）春，一场瘟疫席卷中原，其中冀州又成为重灾区，百姓死亡无数，惊恐万分。年轻时学过医的张角，利用给百姓义务看病的机会，宣传太平道，发展信徒。他创造了一套独特的治病方式，病人只需跪拜忏悔，服下他亲手配制的符水，即可病除。说来也奇，不少气息奄奄的病人确实转危为安。这个消息一传十，十传百，慕名前来找张角看病的人越来越多。张角乘机告诉人们，只要加入太平道，就会进入彼岸的太平世界，那里“人人无贵贱”，“食辄令有余”。这对饱受官吏盘剥、极端贫困的百姓来说，是非常向往的，于是纷纷加入。很快，太平道的势力遍及八州，信徒多达数十万人，成为一支十分重要的社会力量。

太平道势力的迅猛发展，引起了朝廷的关注。司徒杨赐急奏汉灵帝，提醒要重视太平道的潜在威胁，并提出了解决方案：“简别流人，各护归本郡，以孤弱其党，然后诛其渠帅，可不劳而定。”简言之，就是先解散流民，再处置张角等太平道领袖。尽管这是一份十分重要且极具眼光的奏章，但并未进入汉灵帝的视野，相反却引起了张角的警觉。他加快了行动部署，按照军事化组织模式，将全国太平道信徒分为 36 方，大方 1 万多人，小方六七千人，每方设 1 名首领，以便动员组织信众。

光和六年（公元 183 年），是气候变化十分异常的一年。按照当年流传的谶纬之语，这是国家将出现变乱的征兆。张角适时发出了发动起义的战斗口号："苍天已死，黄天当立，岁在甲子，天下大吉。""苍天"代表东汉腐朽政权，"黄天"代表太平道理想社会，"甲子"是汉灵帝中平元年，即农历甲子年（公元 184 年）。甲子年正月，因太平道中有人向官府告发暴动计划，张角宣布暴动提前，中国历史上著名的黄巾起义就此爆发。东汉末期全国共有 13 个州，起义波及京师洛阳周边的 8 个州。裹着黄色头巾的起义军，攻打城池，焚烧官衙，捕杀官吏，释放囚犯，给东汉王朝地方机构造成重创，并对京师洛阳构成重大威胁。张角领导的黄巾军虽然人数众多，但缺乏军事素养，且由于提前起义，各方之间未能有效协调配合，容易被各个击破。所以，随着汉灵帝组织官军反击并稳住阵脚，黄巾军劣势凸显，南方战场战败后，北方战场因张角突然病逝，也于当年 11 月失利。黄巾起义虽然被血腥镇压下去了，但严重动摇了东汉王朝的腐朽统治。

张角领导的黄巾起义，是中国历史上首次利用宗教信众发动的农民暴动。此后，正确处理与宗教的关系成为摆在历朝历代统治者面前的重大课题，也成为运用统一战线智慧必须关注的重要领域。

第三章

三国两晋南北朝时期的统战智慧

“话说天下大势，分久必合，合久必分。”这是罗贯中在《三国演义》中的开篇名言，不仅概况了三国时期中国历史的特点，也预判了其后中国历史的走向。三国两晋南北朝，又称魏晋南北朝（公元220—589年），具体指三国、西东晋和南北朝时期，历时360多年，是中国历史上政权更迭最为频繁的时期。这个时期，除了西晋短暂实现中国统一外，大部分时间中国处于分裂混乱之中，催生了地方割据势力、少数民族势力、佛教势力及其他多种势力。无论是这些新兴势力，还是传统的皇族势力、贵族势力、士大夫群体势力等，在夺取和巩固政权较量中都没有绝对实力，因而都会自觉或不自觉地选择与其他政治势力结成统一战线，从而极大地丰富发展了中国古代统战智慧，造就了中国古代统战智慧发展的又一个高峰时期。

一、统一战线与曹操、孙权、刘备集团三足鼎立局面的初步形成

东汉末年爆发的黄巾起义，一方面严重动摇了东汉朝廷的统治基础，一方面催生了众多拥兵自重、割据一方的地方军阀势力。这些地方割据势力经过激烈角逐，原先并不强大的曹操集团、孙权集团、刘备集团胜出，初步形成了三足鼎立的局

面。分析其中原因，同他们制定和实施正确的统一战线战略和策略密切相关。

许昌博物馆曹操
（公元 155—220）雕像

先看曹操集团的崛起。曹操是沛国谯县（今安徽亳州）人，出身宦官世家，其祖父曹腾是东汉后期最为显赫的宦官之一，侍候过四位皇帝，被封为费亭侯；其父亲曹嵩是曹腾的养子，承袭了养父的爵位，官至三公之首的太尉。曹操 20 岁时入仕，后任骑都尉，参与镇压黄巾军起义，分化诱降黄巾军 30 余万，并选取其中精锐组建青州军，成为割据兖州的地方势力。

曹操志向远大，不满足于称霸一方，而是要结束割据分裂局面，重新实现中国统一。如何尽快增强自身实力，为实现政治抱负创造条件呢？曹操的首席谋士荀彧提出了“挟天子以令诸侯”的策略。东汉末年皇权式微，汉灵帝病死后，新即位的汉少帝刘辩没当几天皇帝，就被担任并州（今山西）牧的董卓废掉，改立其 9 岁的弟弟刘协为帝，这就是汉献帝。刘协自做皇帝起，就是一个有名无权的傀儡，被地方割据势力从洛阳劫持到长安、大阳（今山西平陆东北），后又回到破败的洛阳。荀彧向曹操分析了汉献帝的重大政治价值，指出他虽然失去了权柄，但在世人心目中仍然是天下共主，是东汉王朝的象征。在这种正统观念作用下，谁握有汉献帝这张政治王牌，谁就可以以天下共主的名义向全国发号施令，达到人心归向的目的。他具体分析并建议说："自从皇帝蒙尘，将军提军崛起，志在平定海内，只因为太行山以东地带尚未稳固下来，才没顾及远方。现逢皇帝大驾回还，而洛阳已是荆榛横生，忠义之士有存本之思，民众有感旧之哀。如果能抓住这个时机，迎接皇帝以顺应民众的愿望，便是大顺；秉持公正之心以服天下，便是大略；首倡大义以延揽英杰，便是大道。将军名正言顺，师出有名，削平各个割据势力就不在话下了。"曹操采纳了荀彧的建议，亲到洛阳将汉献帝迎回到自己的根据地许县（今河南许昌），被汉献帝任命为司隶校尉，录尚书事，实际掌握了东汉政权，从而开启了"挟天子以令诸侯"的政权模式，也创造了利用天子的影响力争取人心、延揽人才、扩充实力的统一战线方式，并取得了巨大成功。从汉献帝建安元年到十六年（公元196—211年），曹操集团击败了袁术、吕布、张绣、袁绍、韩遂等地方割据势力，统一了北方，成为最强的政治军事集团。

再看孙权集团和刘备集团的崛起。孙权是吴郡富春县（今浙江杭州富春区）人，其父孙坚和兄长孙策在东汉末年群雄割据中，占据了江东（长江下游东部）地区。建安五年（公元200年）孙策遇刺身亡后，18岁的孙权继任掌事。踌躇满志的孙权，向周瑜推荐的辅佐之臣鲁肃请教说："当今汉室如大厦将倾，四方纷乱不已，我继承父兄创下的基业，企望建成齐桓公、晋文公那样的功业。既然您惠顾于我，请问有何良策助我成功？"鲁肃回答说："过去汉高祖刘邦耿耿忠心想尊崇义帝（楚怀王）而最后无成，这是因为项羽加害义帝，将军您怎么可能成为齐桓公、晋文公呢？以鲁肃个人之见，汉室已不可复兴，曹操也不可能一下子除掉。为将军考虑，只有立足江东，

位于湖北省鄂州市的孙权（公元 182—252）雕像

以观天下形势变化。天下局势如此，据有一方自然也不会招来猜疑忌恨。为什么呢？因为北方正是多事之秋，您正好趁此剿除黄祖，进伐刘表，尽力占有长江以南全部地方，然后称帝建号，进而夺取天下，这有如汉高祖建立大业啊！”孙权采纳了鲁肃制定的战略规划，决定先夺取战略位置最为重要的荆州。东汉末年汉灵帝时，为镇压黄巾军起义和加强对郡的监管，在郡之上增设了州一级行政机构，州牧为最高长官，掌握军政大权。荆州（今湖北、湖南和河南部分地区）下辖南阳、章陵、南郡、江夏、武陵、长沙、桂阳、零陵等郡。从建安八年到十三年（公元 203—208 年），孙权三次攻打江夏郡，试图敲开荆州的东大门。曹操觉察到了孙权的战略意图，意识到如果孙权占据荆州，将给他的统一大业带来巨大困难。于是，曹操发兵与孙权抢占荆州。曹操军队进入荆州界内后，荆州牧刘表已经病亡，新继任的刘表之子刘琮投降。信心满满的曹操致信孙权，威胁性地提出要与他“会猎于吴”。面对曹操的咄咄攻势，孙权采纳了鲁肃的建议，联合刘备，共同抗击曹操。

刘备是涿郡涿县（今河北涿州）人，西汉汉景帝之子中山靖王刘胜后裔，24 岁参与镇压黄巾军起义，但因实力不济，在随后的地方割据势力混战中屡遭败绩，最后不得不依附刘表。但这并没有磨灭其复兴汉室、统一天下的雄心壮志。建安十二年（公元 207 年），刘备的事业发生了转折。这一年，经徐庶引荐，他三顾茅庐，见到了号称“卧龙”的诸葛亮，并向他请教说：“汉室的统治崩溃，奸邪的臣子盗用政令，皇帝因此而蒙尘。我不能衡量自己的德行能否服人，估计自己的力量能否胜任，想要为天下人伸张大义，然而我才智与谋略短浅，所以失败了，弄到今天这个局面。但是我的志向到现在还没有放弃，您以为应当采取怎样的计策呢?”诸葛亮回答说：“现在曹操已拥有百万大军，挟持皇帝来号令诸侯，这确实不能与他争强。孙权占据江东，已经历三世了，地势险要，民众归附，又任用有才能的人，只可以把他作为外援，而不可谋取他。”在分析了荆州、益州（今四川、重庆、云南、贵州及汉中部分地区）的具体情况后，诸葛亮建议说：“如果能占据荆州、益州，守住险要的地方，和西边的各民族交好，又安抚南边的少数民族，对外联合孙权，对内革新政治，一旦天下形势发生变化，就派一员大将率领荆州的军队直指南阳、洛阳一带，将军您亲自率益州的军队从秦川出击，那时老百姓谁敢不

刘备（公元 161—223）像

用竹篮盛着饭食，用壶装着酒来欢迎将军您呢？如果真能这样做，称霸的事业就可以成功，汉室天下就可以复兴了。”这就是著名的“隆中对”。从中可以看出，实行统一战线，即对外联合孙权，对周边民族加强团结，是其中的重要内容。刘备完全赞同诸葛亮对天下大势的分析和复兴汉室的战略构想。因此，当孙权提出与刘备结成统一战线，共同抗击曹操时，立刻得到刘备的积极回应。

建安十三年（公元 208 年）冬，曹操率 20 万大军从江陵顺江而下。孙权和刘备组织诸葛亮、周瑜、鲁肃等群臣研判认为，曹操虽然实力强于己方，但有三个明显劣势：一是从北方远道而来，已很疲惫；二是曹军将士都是北方人，不习水战；三是荆州新投降的军队，并没有心服。于是，孙权和刘备组织 5 万联军，在赤壁（今湖北赤壁西北）迎战曹军。曹军因不习水战，将船只用铁链连接起来，防止颠簸。于是孙刘联军采用火攻战术，大败曹军，成为中国军事史上以弱胜强的著名战例，也是统一战线史上的成功案例。赤壁之战，曹操集团南进受阻，孙权集团保住了江东，刘备在江南站稳了脚跟，三足鼎立的局势初步奠定。

二、荆州之争与孙刘联盟的破裂

赤壁之战后，荆州被瓜分，曹操占有南阳、章陵 2 郡，孙权占有南陵、江夏 2 郡，刘备占有武陵、长沙、桂阳、零陵 4 郡。随后，孙权出于盟友的关系，又将南陵郡借给了刘备，这样刘备就占有了荆州的大部分地区。

建安十六年（公元 211 年），孙权取得交州（今广东、广西地区），连同原先据有的扬州（今江西、福建、浙江及江苏、安徽南部），共有 2 个州。建安十九年（公元 214 年），刘备取得益州，连同赤壁之战后获得的荆州大部分，也有 2 个州。曹操据有北方的 10 个州及荆州、扬州的小部分地区。显然，曹、孙、刘三大集团中，曹操集团的实力最强，孙、刘集团实力相当，但因孙刘两家结成了统一战线，与曹操集团对峙，从而形成了南北势力均衡的局面。

刘备取得了益州和荆州大部分地区后，有了立足之地，孙权便向刘备讨还南陵郡。但刘备认为南陵郡是荆州的中心，对于实现"隆中对"提出的从荆州和益州两个方向攻击中原曹操集团，具有十分重要的战略地位，故而拖延不还，导致孙权反目，派大将吕蒙率 2 万大军占领了刘备据有的长沙、桂阳、零陵 3 郡。曹操闻讯后趁火打劫，进攻益州的汉中郡。两面受敌的刘备，只好向孙权求和，忍痛达成重新瓜分荆州的协议：以湘江为界，湘江以东的长沙、江夏、桂阳 3 郡归孙权，湘江以西的南陵、零陵、武陵 3 郡归刘备。南陵郡事件虽然解决了，孙刘之间的紧张关系得以缓解，但他们的盟友关系已经破裂。

建安二十四年（公元 219 年）夏，刘备正式实施从益州和荆州两路夹击中原的战略。刘备率领的益州一路进展顺利，先后占领了西城、上庸、房陵 3 郡，打通了汉水的汉中到襄阳段。大将关羽率领荆州一路也势如破竹，包围了曹军的樊城（今湖北襄樊北）。曹操闻讯，急召部属商讨把都城迁出许昌。司马懿等人表示反对，并献计说："刘备和孙权表面上看关系亲密，骨子里都互相猜忌，他们的荆州之争已把这一点暴露无遗。如今关羽取得的胜利，必定会加重孙权的不安。应当派人去说动孙权，让他袭击关羽的后方，答应事成之后，把长江以南分封给他。这样，樊城之围便会自然解除。”曹操依计而行，孙权果然派大军袭击并占领了属于刘备的荆州 3 郡，杀死了回防的关羽，樊城之围也解了。

建安二十五年（公元 220 年），曹操病逝，其子曹丕废黜汉献帝称帝，建元黄初，国号魏，史称曹魏。第二年（公元 221 年），刘备在成都称帝，建元章武，国号汉，史称蜀汉。再一年（公元 222 年），孙权称吴王，虽然没有称帝，但以黄武为自己的年号，已然是帝王的规格，史称孙吴或东吴。

刘备称帝后要做的第一件事，就是发动讨伐孙吴的战争，表面原因是为桃园三结义的关羽复仇，深层原因是重新夺回荆州，恢复“隆中对”设计的从益州和荆州两路夹击中原的战略态势。赵云等人劝谏说：“我方的主要敌人是曹魏，而不是孙吴。如果先灭曹魏，则孙吴自服。当今曹操去世，曹丕继位，曹魏方面政权交替，人心不稳。应趁此机会，攻取关中（今陕西南部），居于黄河和渭河的上游，向东征讨，可成大功。不攻魏，先攻吴，不是上策。”刘备不听，坚持讨吴。他先派桃园三结义的另一位兄弟张飞率兵万人，自阆中（今四川阆中）会于江州（今重庆）。但张飞出发前被随从杀害，并提着他的头逃到了吴国，这更加坚定了刘备的讨吴决心。

蜀汉章武元年（公元 221 年）七月，刘备亲率大军讨伐孙吴。孙权派使者求和，刘备不允。为防止曹魏趁火打劫，偷袭吴国，这年八月孙权向曹丕称臣。章武二年（公元 222 年）正月，刘备将进攻吴军的军队分成两路，一路部署在长江北岸，由黄权统辖；一路部署在长江南岸，由自己亲自统辖。孙权派陆逊率吴军迎击南路蜀军，火攻蜀军营，大获全胜。南路蜀军的灭亡，使北路蜀军失去依托，黄权便带着北路蜀军投降了魏国。刘备又羞又恨，于第二年病逝。

刘备集团和孙权集团围绕争夺荆州进行的战争，以刘备集团彻底失败而告终，刘备集团不仅丢掉了荆州，还失去了 3 个核心人物刘备、关羽、张飞，自此成为三国中实力最弱的一方。孙权集团夺取了荆州，表面上看是胜利了，但因为极大削弱了刘备集团，并且与刘备集团的盟友关系破裂，这样就打破了孙刘结盟形成的南北方势力均衡的局面，形势无疑朝着更有利于曹魏的方向发展。从刘备集团与孙权集团的荆州之争中，可以得出这样一种规律性认识，即：统一战线是建立在共同利益基础之上的，当存在共同利益时，统一战线就可以建立并得到巩固；当不复存在共同利益时，统一战线就会破裂；当利益发生冲突时，盟友就可能成为敌人。

三、诸葛亮的统战智慧

诸葛亮在中国有着很高的声誉，不仅是忠诚的楷模，还是智慧的化身。他所具有的智慧可谓大智慧，涉及多个方面，包括政治智慧、军事智慧、经济智慧、科技智慧，还包括统战智慧。这集中体现在以下几个方面。

（一）重新与吴结盟

蜀汉章武三年（公元 223 年），刘备临死前，将他的儿子刘禅及蜀汉政权的前途一并托付给了他十分倚重的丞相诸葛亮。身负重托的诸葛亮总结了赤壁之战孙刘结盟获胜的经验、

诸葛亮（公元 181—234）塑像

荆州之争孙刘联盟破裂的教训，决定放弃从荆州、益州夹击中原的战略，承认东吴对荆州的全部占有，换取双方再度结盟。这是一个艰难但正确的决策。说它艰难，是因为孙权背盟、偷袭荆州，桃园三结义刘、关、张三人因此殒命，蜀汉与东吴已结下不共戴天的深仇大恨。说它正确，是因为经过荆州之争，蜀国疆域只剩下一个益州，精兵良将损失过半，在三国中实力最弱，只有与东吴再次结盟，才能赢得发展的机会，进而实现刘备复兴汉室的遗愿。

蜀汉建兴元年（公元 223 年），诸葛亮委派尚书邓芝前往东吴，商讨再次结盟问题。邓芝在给孙权的信中写道，自己今天到东吴来，不仅是为了蜀汉的利益，也是为了东吴的利益。孙权读到这句话受到触动，接见了邓芝。邓芝按照诸葛亮的嘱托，深入分析了三国的形势，阐明了吴与蜀唇亡齿寒的道理。孙权深以为然，很快与曹魏断绝了藩属关系，重新与蜀汉结为盟友。

蜀汉建兴七年（公元 229 年），孙权经过多年犹豫后决定称帝，并及时将此事通报给了盟友蜀汉，希望得到支持。消息传到蜀汉，朝中众臣群情激愤，普遍认为只有蜀汉才是天下正统，曹魏窃国，必须伐而诛之，现在孙权也要称帝，更是大逆不道，必须与之断绝盟友关系，并立刻发兵讨伐。怎么办呢？诸葛亮陷入了两难境地：如果同意孙权称帝，会损害蜀汉自身的正统性与合法性；如果不同意，蜀汉与东吴的联盟将面临破裂，先前的努力将付之东流。两利相权取其重，两害相权取其轻。诸葛亮冷静分析了蜀汉面临的困难局面，强调要生存下去必须与东吴保持联盟关系，否则根本无法同时应对来自曹魏和东吴的双重压力。愤怒的群臣终于被诸葛亮说服了。随后，诸葛亮派出使臣，到东吴祝贺孙权称帝。孙权大喜，与蜀汉升坛歃血，对天发誓，团结一心，同讨曹魏。吴蜀再次结盟，维持了北方和南方的均势，为诸葛亮从容治蜀创造了外部条件。

（二）南抚夷越

中国古代将长江中下游以南各族聚居地区称为夷越。三国时期，作为夷越一部分的云南、贵州和四川西南部都隶属于蜀汉政权，统称南中。南中地区世代居住着许多少数民族。东汉末年，腐败的地方政权对南中地区盘剥无度，激起当地民众的反抗，一些豪强则企图趁机叛乱割据。刘备在位时，形势已有好转，但在他病逝后，这些豪强和当地少数民族首领再次叛乱。

南中问题如何解决？早在隆中对时，诸葛亮就给出了具体方案，那就是“南抚夷越”。诸葛亮主政后，在与群臣讨论平定南中叛乱时，肯定并采纳了马谡的建议：“用兵之道，攻心为上，攻城为下，心战为上，兵战为下。”于是，蜀汉建兴三年（公元225年），诸葛亮亲率大军开赴南中平叛时，出现了中外战争史上奇特的景象。叛军中有个彝族首领叫孟获，被蜀军擒获。令孟获颇感意外的是，诸葛亮并没有杀他，而是请他参观蜀军阵营。孟获看后不以为意，对诸葛亮说，如果能够放他回去再战，他一定可以获胜。诸葛亮欣然同意，约他择日再战，结果孟获再次被擒。如此这般，诸葛亮七擒七纵孟获，最后，孟获输得心服口服，诸葛亮还要放他，倒是孟获不想回去了，说：“公，天威也，南人不复反矣！”收服孟获后，南中各少数民族纷纷归附，南中由此稳定下来。

接着，诸葛亮又将蜀汉的一些官员派到南中，带去最先进的农耕技术，教会当地民众盖房子、种水稻、种桑养蚕、纺纱织布，改变了这里长期以来刀耕火种的原始落后生产方式，各少数民族生活水平显著提高。

成都武侯祠的“攻心联”

诸葛亮以攻心为核心的南抚夷越政策获得了巨大成功，并受到后世的高度赞誉。清光绪二十八年（公元 1902 年），赵蕃应约给成都诸葛亮的武侯祠写了一副楹联：“能攻心则反侧自消，从古知兵非好战；不审势即宽严皆误，后来治蜀要深思。”其中上联写的就是诸葛亮平定南中时，以攻心收到抚安效果的事迹，所以这副楹联又被称为“攻心联”。毛泽东对赵蕃的“攻心联”十分推崇，1958 年来武侯祠参观时，在这副联前驻足良久，反复揣摩其中的深意。后来，他更是直接评论说，诸葛亮会处理民族关系，他的民族政策比较好，获得了少数民族的拥护。至于赵蕃下联的内容，写的是诸葛亮依法治蜀的事迹。

（三）有温度的依法治蜀

刘备占据益州后，责成诸葛亮等人制定国家法典《蜀科》，改变原州牧刘璋治下益州法纪松弛、德政不举、威刑不肃的局面。《蜀科》颁行后，诸葛亮在刘备的支持下严法治蜀，制约了地方豪强势力，他们便以消极态度抵制蜀汉政权。蜀郡太守法正借用当年汉高祖刘邦入关与民约法三章之事向诸葛亮进言，提出成都初定，宜“缓刑弛禁”，放宽约束。诸葛亮写了《答法正书》，认为不能盲目沿用汉初的做法，应当因时因地制宜，懂得变通。

诸葛亮是这样说的，也是这样做的。蜀汉建兴六年（公元228年），诸葛亮的爱将马谡在北伐曹魏时，因违背诸葛亮的作战命令，导致街亭（今甘肃秦安东）失守，北伐失败，论罪当斩。马谡在临刑前写给诸葛亮的信中，称一直将诸葛亮视为自己的父亲，并将一家老小托付给诸葛亮。围观的百姓无不动容，群臣也纷纷向诸葛亮求情。但诸葛亮为了严肃法纪，还是挥泪斩了马谡。

然而，诸葛亮的依法治蜀，绝不是依靠简单的严刑峻法，而是建立在教化的基础上，渗透了团结争取的功能，并充满人文关怀，可以说是有温度的依法治蜀。同为刘备托孤大臣的李严，因为弄权而贻误军机，被诸葛亮弹劾流放。诸葛亮给其子李丰写了一封信，诚恳地说明流放李严的缘由，并希望李丰说服他的父亲能够认识自己的错误。李严得知后，非常感动。多年后，李严在流放地得知诸葛亮去世的消息，竟悲痛发病而亡。

四、东晋的联合执政局面

曹魏正始十年（公元 249 年），司马懿发动政变，朝政大权落入司马氏家族之手。咸熙二年（公元 265 年），司马懿之孙司马炎逼迫小皇帝曹奂“禅位”给他，宣告即皇帝位，改国号为晋，这就是历史上的西晋。晋武帝司马炎在先已灭蜀的基础上，又于公元 280 年灭吴，重新统一中国，结束了三国鼎立的分裂局面。

晋武帝死后，发生了皇族内部争夺权力的混战，内迁的匈奴、羯、氐、羌、鲜卑诸民族趁机举兵，谋求建立自己的政权，造成了“五胡乱华”局面。公元 313 年，晋愍帝将都城由洛阳迁往长安，公元 316 年长安失守，而后西晋灭亡。公元 317 年皇族司马睿在建康（今江苏南京）称帝，史称东晋。东晋政权的显著特征是，世家大族与皇权联合执政，因而是一种统一战线性质的政权。这种联合执政的局面是如何形成的呢？

（一）北方中原人大规模南迁

西晋时期的长期战乱，特别是永嘉五年（公元 311 年）匈奴兵攻占京师洛阳后，洛阳周围黄河流域经济崩溃，广大民众痛苦不堪，于是出现了以洛阳为中心的中原汉人大规模南迁。按一户 5 口人计算，当时有人口 700 万，这 700 万人中南迁的有 90 万。更为重要的是，这部分人是文化程度最高的，伴随着这部分人的南迁，中华民族文化的中心也开始逐渐南移。这些南迁的人，便是当今客家人的先驱。在今河南省洛阳市偃师区，矗立着一座“中原客家先民南迁圣地纪念碑”，用以纪念这次大规模南迁。

（二）弱势的皇族

西晋战乱爆发后，朝廷不得不考虑退路，开始下功夫经营富庶且安定的江南。于是，任命琅琊王司马睿为安东将军，南下建康，负责为西晋王朝建立后方基地。司马睿虽为皇室，但来江南之初并没有打开局面，甚至来建康一个多月都没有一个当地名流来拜访。究其原因，同司马睿的出身有关。从血缘关系上来说，司马睿并不属于皇室正统。从被追封的宣帝司马懿、文帝司马昭，到开国皇帝武帝司马炎，惠帝司马衷、怀帝司马炽兄弟，构成了西晋皇族的正统。这决定了他在皇族中既没有实力，也没有威望，处于弱势地位。这也就不难理解，江南人为什么冷落他了。

（三）强势的世家大族

自从汉武帝独尊儒术，并将精通儒家经典作为取仕的重要条件后，至东汉时，一些家族因世代通经入仕，位至高官，长期把持地方大权，占有大量田地，逐渐成为具有特殊政治、经济和社会地位的阶层，被称为世家大族。西晋时期将曹魏实行的名为九品中正制的选官制度推向极端，负责向中央推荐候选官员的中正几乎全部由世家大族担任，选择官员的标准基本上就是出身贵贱和门第高低，使官场出现了“上品无寒门，下品无势族”的局面。当西晋发生战乱、大量中原人南迁时，许多世家大族也加入迁徙队伍中，其中就有北方世家大族的领袖王导。王导出身于魏晋世家大族琅琊王氏，祖父王览为西晋光禄大夫，父亲王裁为镇军将军司马，自己则在司马睿手下任军司马。随司马睿来到江南的王导，通过与其他南迁的北方世家大族联姻，使琅琊王氏成为最具实力的世家大族。据史料记载，太尉郗鉴派门生到王导家求女婿，王导将家中子弟召集到东厢房，让对方尽管挑。门生回去禀告：“王家子弟都不错，听说我去挑女婿，个个正襟危坐，矜持作态。只有一个年轻人躺在东床上，袒胸露腹，旁若无人地吃东西，好像没听说我要挑女婿一样。”郗鉴说：“这正是我的好女婿啊！”寻访一问，原来这人就是王导的侄子王羲之。这就是典故“东床快婿”的由来。

如何尽快在江南站稳脚跟呢？这既是弱势的皇族司马睿面临的难题，也是强势的世家大族领袖王导面临的难题，因为南迁的北方世家大族与江南本地的世家大族存在着严重的利益冲突。王导深知，此时急需一个核心力量来凝聚各种势力，否则处境将更加艰难。谁能担当此项重任呢？王导意识到，必须高举司马皇室这面大旗，这是南迁世家大族立足的根基。于是，王氏家族选择了与自己关系密切的琅琊王司马睿。而司马睿也意识到，要想改变自己的弱势皇族地位，唯有与世家大族合作，而一向与自己交好的王氏家族成了首选。因此，共同的难题，相互依赖的需求，促成了他们的结盟合作。

王氏家族与司马皇族合作的第一件事，就是争取江南世家大族的认同和支持。每年的三月三，是江南人阖家欢聚，举行祓禊仪式，以求消除灾祸的重要日子。在王导的精心安排下，司马睿在北方世家大族重要人物众星捧月般簇拥下，乘坐华丽小轿，来观看祓禊仪式。江南世家大族看到司马睿一派王者气概，而北方世家大族又心悦诚服拥戴，都被震慑住了，继而纷纷表示臣服。由此，东吴旧地臣民开始归附司马睿。

王氏家族与司马皇族合作的第二件事，就是解决北方世家大族和流民的安置与生计问题。为了避免与本地世家大族发生经济利益冲突，北方世家大族大都东过浙江，在会稽（今浙江绍兴）临海一带开垦荒地，发展生产，拓展新的生存空间。特别是在王导的主持下，为了安置北来流民，创造性地实行了侨州郡县制度，即政府为他们专门设置了与旧籍同名的州郡县，另立户籍，并在赋税上给予优待。这样，北方世家大族和流民逐渐在江南扎下根来。

当西晋政权垮台后，司马睿的南方政权在王导等世家大族的辅佐下，赢得了难得的安定局面。王导知道北方的家已经回不去了，于是说服掌握军权的堂兄王敦，并与其他大臣共同劝谏，司马睿终于正式登基为帝，改元大兴，是为晋元帝。晋元帝在政治上依靠王导，军事上依靠王敦，形成了“王与马，共天下”的联合执政局面。当然，这里的“王”，字面上指琅琊王氏家族，实际上泛指世家大族；“马”，字面上指皇族司马氏，实际上泛指东晋皇权。联合执政局面下的世家大族与皇权的关系，是一种相互利用、相互支持、相互依存的关系，具体表现是：皇权要向世家大族做出让步，世家大族在皇权需要时支持皇权。

维系联合执政局面的关键，是世家大族和司马皇族之间的联盟关系。在东晋百余年历史中，王氏家族及其之后的庾氏家族、桓氏家族、谢氏家族，与司马睿及其之后的 10 位皇帝保持联盟关系，尽管双方有分歧和斗争，但合作始终占主导地位，因而联合执政的局面得以存续。但当元兴二年（公元403年），桓玄逼迫司马德宗退位，自己做皇帝后，这种联盟关系便破裂了，联合执政局面随之解体。宋永初元年（公元420年），非世家大族出身的刘裕夺取政权称帝，国号为宋，东晋灭亡，世家大族与司马皇族联合执政的局面宣告结束。由此可见，联合执政局面是以联盟关系为依存的，联盟关系存在则联合执政局面存在，联盟关系破裂则联合执政局面瓦解。

五、北魏的民族融合之路

商朝初年，东北地区生活着一个游牧民族，因其在同为游牧民族的匈奴的东部，被称为东胡。秦汉之际，东胡被匈奴打败而分成两部，分别退守鲜卑山和乌桓山一带，并以山名为族名，形成鲜卑族和乌桓族，接受匈奴的统治。鲜卑族中的拓跋部落联盟原生活在大兴安岭附近，后因匈奴败于汉朝而西迁，拓跋部便进入原匈奴的地盘，并接受汉朝的统治。公元4世纪初，拓跋部趁西晋内乱之机建立代国。公元376年，代国为前秦所灭。公元386年，拓跋部又趁前秦统治瓦解之机重建代国，后改国号为魏，建都平城（今山西大同），史称北魏。公元439年，北魏统一北方，与南方宋国对峙，中国历史正式进入南北朝时期。

北魏是由少数民族在中国北方建立的稳固政权。北魏统治者深知，拓跋鲜卑作为在政治、经济、文化方面落后于汉族的少数民族，要想在中原站住脚跟，实行有效统治，必须加强同汉族的团结合作，向先进的汉族学习，走民族融合之路。纵观北魏发展史，其选择的方向是正确的，但道路是曲折的。

北魏初建时，开国皇帝拓跋珪采取胡（中国古代将北方和西域各民族统称为胡）汉分治制度，即在朝廷分别设置管理汉族与少数民族的机构，将汉人与胡人分开管理，成功缓解了汉族与鲜卑等少数民族的矛盾。同时，朝廷开始实行任用汉族官吏的政策，巩固扩大了执政基础。这些制度和政策的推行，使中原地区胡汉杂居的区域逐渐扩大，仅当时的都城平城，短短 50 年内就有上百万汉人迁入，开创了民族融合的良好局面。公元 424 年，北魏的拓跋焘继皇帝位后，在进一步汉化、推进民族融合方面，迈出了新的步伐。他希望借助儒家学说，开辟一条治国安邦的新路子。首先，他在平城修建了一座宏伟的建筑，专门供奉儒家学说创始人孔子，自己带头祭拜。其次，他还在此建立太学，要求鲜卑和汉族贵族的子女必须入读学习儒家经典。最后，他认为推崇儒家学说只能解决治国思想问题，而要将这种治国思想落实到治国实践中，还需要大批熟悉儒家学说的汉族大臣，于是大量任用汉族士人。

拓跋焘的一系列汉化政策虽然对促进胡汉和谐、巩固北魏政权发挥了显著作用，但还是引起了一些鲜卑贵族元老的不安和不满，并最终酿成了“国史之狱”。编修国史是汉文化的传统。拓跋鲜卑入主中原后，以中原文化正统自居，自然希望编修国史以记录其辉煌历程。但鲜卑没有文字，用文字记录北魏国史，必然要任用既了解拓跋鲜卑历史又服务于朝廷的汉族士人。因此，出身汉族第一高门的三朝元老崔浩入选。崔浩按照汉族史家秉笔直书的传统，如实记录了拓跋鲜卑的历史，其中当然包括一些不光彩的内容，招致鲜卑贵族的强烈反对，认为这是汉人对鲜卑人的公开挑衅，是对其少数民族政权的侮辱，纷纷要求诛杀崔浩及其党羽。拓跋焘迫于压力，诛杀了崔浩及其家族，以及与崔浩联姻的其他北方望族。“国史之狱”不仅迟滞了民族融合进程，而且严重恶化了胡汉关系，激化了胡汉矛盾，北方世家大族离心离德，各地农民起义不断爆发，北魏政权陷入岌岌可危的境地。

延兴元年（公元 471 年），北魏的第 7 位皇帝、5 岁的拓跋宏继位，是为孝文帝，祖母冯太后临朝执政。冯太后凭着自己对胡汉双方的了解，并在总结北魏建国以来经验教训的基础上，决定继续推进旨在加强胡汉团结、巩固北魏政权的改革，同时注意用汉族文化教育孝文帝。在冯太后的全力支持下，史无前例的政治经济文化改革正式启动，时值北魏太和年间，史称“太和改制”。

首先，恢复中原实行的百官俸禄制。自北魏开国，拓跋贵族主要是通过战争掠夺财富或通过立功获得巨额赏赐，汉族官吏的物质生活则比较拮据。实行百官俸禄制后，汉族官吏的物质待遇显著提高，与拓跋贵族的生活差距缩小，对朝廷的效忠度提高。

其次，实行均田制。官员的俸禄终归来源于农民，农民的衣食之本来源于土地。实行均田制，将战乱时期出现的大量无主荒地授给农民，一方面使农民生活有了着落，另一方面使国家有了稳定的财政收入。特别是对鲜卑百姓来说，改变了自己的生产方式，从游牧转为农耕。

最后，全面借鉴吸收汉文化。可以说，这是触及灵魂的深层改革，主要采取了以下重大举措。一是实行儒家孝礼。太和十四年（公元 490 年），冯太后去世，孝文帝亲政，宣布为祖母守孝 3 年。面对鲜卑贵族的强烈反对，孝文帝想了这样一个办法。他找了 3 位汉族大臣，让他们提出反对意见，让反对 3 年守孝的鲜卑贵族在旁边听，然后展开辩论。实际上这 3 人是孝文帝安排的，他们所提的反对意见都是拓跋贵族讲过的，最后被孝文帝逐一驳倒。二是迁都汉文化底蕴深厚的洛阳。孝文帝守孝期满后，导演了一出迁都的苦肉戏。他知道迁都会遭到鲜卑贵族的反对，便假意说要攻打南齐，一统天下，并强制要求文武大臣随军南征。到达洛阳后，人困马乏，士气低落，本来就不赞同出兵伐齐的鲜卑贵族纷纷出面阻拦。孝文帝趁机说："不继续南征也行，你们必须答应把国都迁到洛阳。"无奈，拓跋贵族们只好答应。太和十八年（公元 494 年），孝文帝正式迁都中原古都洛阳。三是规定汉语为官方语言，禁止 30 岁以下年轻官员在朝堂上讲鲜卑语，拓跋皇族也一律学汉语、说汉话。四是 100 多个鲜卑族姓统统改为汉姓，拓跋皇室改姓元，孝文帝拓跋宏也改称元宏。五是颁布婚禁诏令，改变鲜卑婚俗，提倡与汉族通婚。孝文帝带头与汉族豪门通婚，迎娶北方汉族卢氏之女。六是将迁到洛阳的鲜卑人籍贯改为河南郡洛阳县，死后安葬洛阳，不得迁回平城。孝文帝亲自在洛阳附近的邙山，给自己选定了墓地。

北魏的改革特别是孝文帝的改革，促进了胡汉团结，推动了经济、政治、文化及其他各项事业发展，巩固了北魏政权。特别是完成了祖先的遗愿，使整个拓跋鲜卑彻底融入华夏文明，实现了中国历史上又一次民族大融合。

北魏的民族融合之路启示后人：实现民族融合是人类社会演进的方向，而实现民族融合是一个自然的客观的历史过程，也是各民族自觉的主动的适应过程，其中做到自觉主动适应的关键，是使各民族充分认识到，这样做既符合国家利益，又符合本民族的利益。

六、佛教的兴盛

佛教是由古印度释迦牟尼创立的。释迦牟尼属于释迦族，姓乔答摩，名悉达多，相传是古印度迦毗罗卫国（今尼泊尔境内）净饭王之子。29 岁时，为探究解脱人生苦难之道而出家，经过六年苦行，静思“成道”。随后，他在印度恒河流域广泛传播自己的思想，拥有越来越多的信众，进而组织教团，形成佛教。古印度孔雀王朝时期，阿育王奉佛教为国教，并推动佛教向其他国家传播，使之成为世界性宗教。

东汉永平七年（公元 64 年），汉明帝刘庄夜中梦见一身高六丈、头顶放光的金人自西方而来。次日晨，他问大臣们所梦何神，见多识广的博士傅毅回答说：“西方有神，称为佛，陛下梦见的想必就是佛。”汉明帝听罢大喜，派人出使西域，拜求佛经、佛法。使者在西域大月氏国遇到了在这里弘法的古印度高僧迦叶摩腾和竺法兰。永平十年（公元 67 年），他们应邀用白马驮着佛像、佛经，随东汉使者来到洛阳传教。汉明帝专门为他们修建了佛寺，取名“白马寺”，迦叶摩腾和竺法兰也被尊称为中国佛教的鼻祖。

位于河南省洛阳市的白马寺

佛教最初传入中国时，因文化背景不同，故被视为与当时流行的黄老神仙方术同类，仅流行于少数王公贵族之间。但三国两晋南北朝时期，佛教快速由上层遍及民间，由少数人扩展到多数人，由北方推进到南方。佛教作为外来宗教，何以在中国三国两晋南北朝时期得以兴盛呢？这可以从外因和内因两个方面来看。

一方面，从外因来看。三国两晋南北朝时期，是中国社会分裂时间最长的时期，战争频繁，社会动荡，百姓看不到出路，于是便把希望寄托在对来世的憧憬和信仰上，而这无疑给主张因果报应、转世轮回的佛教提供了民众基础。

其实这还不是外因中最关键的，最关键的来自朝廷的支持和推动。朝廷之所以这么做，一是因为王公贵族同普通民众一样，也面临着生老病死等各种苦恼的折磨，希望从佛教中寻得精神慰藉；二是因为在这个极度混乱动荡的时期，许多百姓不堪忍受封建统治者的压榨，不断举行起义，严重冲击着他们的统治。在这种形势下，朝廷除了加强血腥镇压外，也迫切需要利用精神武器瓦解民众的反抗意志，而佛教正好适应了这种需求。南朝宋文帝就曾经直白地说，如果普天下百姓都皈依佛法，“则吾坐致太平，夫复何事！”

梁武帝舍身同泰寺图

在三国两晋南北朝时期，推动和利用佛教最甚的皇帝，莫过于南朝梁武帝萧衍了。首先，梁武帝在即位后的第三年四月初八，即释迦牟尼诞辰日，颁布了一道诏令："愿使未来世中，童男出家，广弘经教，化度含识，同共成佛。"同时，号召公卿百官侯王宗室信佛。这无异于定佛教为国教，致使全国寺庙数量和僧尼数量激增。其次，他领导编撰《在家受菩萨戒》，规范佛教礼仪，并带头按照戒律行事和生活。他勤于政事，每天五更天起床，阅批公文奏章；他生活节俭，平时穿布衣，一顶帽子戴了三年，一床被子盖了两年；他坚持吃素，每天只吃一顿饭，且在他的带动下形成了汉族僧人吃素的独特习俗。他还在50岁那年开始戒色。特别是他受菩萨戒，取法名冠达，成为历代皇帝中少有的"皇帝菩萨"。最后，他在皇宫旁边为自己建了一座名为同泰寺的寺庙，并且先后多次到该寺庙修行，一面干活念经，一面处理朝政，目的是为全国民众树立一个虔诚信仰佛教的榜样。梁武帝推动和利用佛教的实践是成功的，他得到了广大民众的拥戴，尤其是在他舍身同泰寺期间，并没有出现在三国两晋南北朝时期经常发生的大臣篡权和部下叛乱的事情。

太清三年（公元549年），因侯景之乱，梁武帝饥病困死，终年85岁，结束了他传奇的“皇帝菩萨”的一生。

另一方面，从内因来看。主要是佛教主动与中国社会相适应，做出必要的改变，具体体现在以下几个方面。

首先，吸取道教的道术，关心人们的现世利益。佛教普度众生于苦海，达到彼世幸福的出世思想，与当时国人迫切希望获取现世利益的入世心态，存在明显差距，因而佛教传入中国后很长一段时间并没有被多数人认同，还常受到对解决现实问题无益的指责。道教作为中国土生土长的宗教，解决人们关心的社稷兴衰、战争胜负、人生贫富、前途吉凶、寿命长短等现实问题，并形成了一套秘学方术。佛教主动学习借鉴道教思想和道术，从对人们彼世幸福的专注调整为对现世利益的兼顾，从而逐渐为国人了解和接纳。

其次，主动与儒学融合，助力维持社会秩序。佛教传入中国特别是进入三国两晋南北朝时期后，为了能在中国生根开花，便自觉与占主导地位的儒家思想相适应，以取得封建统治者的支持。三国时期，吴国皇帝孙皓曾专门迎来高僧康僧会，让他论述佛教与儒家经典的关系。孙皓问：“佛教讲善恶报应，与儒学经典有联系吗?”康僧会答，贤明的君主孝慈仁德，就会有祥瑞之报，并引用儒家经典说：“《易》称积善余庆，《诗》咏求福不回，虽儒典之格言，即佛教之明训。”孙皓又问：“既然周孔已经明确论说，何用佛教?”康僧会再答：“周孔所言略示近迹，至于释教则备极幽微。”意思是说，儒家和佛教都讲善恶报应，只不过儒家所言为近迹，佛教所言为幽迹，二者相得益彰，各有用途。正因为佛教努力与儒学融合，体现出与儒家在尊圣孝亲、施行仁政等众多方面的一致性和自身的独特性，从而赢得了封建统治者的认可和支持，为在中国传播奠定了基础。

最后，主动融入社会思潮，在推动玄学发展的同时实现自身发展。魏晋以来，时局纷乱，传统儒学不振，名士纷纷选择避世，趋附老庄“以无为本”思想，因其立意渺玄，故称“玄学”。当时佛教“般若性空”之学非常契合这种“贵无”思想，玄谈名士莫不以“般若性空”充实其学，或增清谈之资，佛教便得以在士大夫阶层迅速传播。同时，佛教界僧人主动加入玄学队伍，还发明了“格义”，用人们熟悉的老庄学说比附讲解佛教教义，这无疑也助推了佛教的传播。

总之，从佛教在三国两晋南北朝时期的兴盛历史中，我们可以得出这样的结论：外来宗教在中国的发展，必须主动适应中国社会，实现本土化；同时必须得到中国统治者的认可，维护统治者的执政地位。北魏太武帝和北周武帝时期曾出现两次灭佛运动，很重要的原因是，大量增加的僧人既不向政府纳税，也不承担国家的徭役，严重影响了朝廷的财政收入，动摇了执政基础。

第四章

隋唐时期的统战智慧

隋朝（公元 581—618 年）和唐朝（公元 618—907 年），是三国两晋南北朝时期长期分裂战乱后的两个大一统王朝，也是中国古代历史上最为强盛的时期之一。史学家们常常将这两个朝代并提，一方面是因为杨、李两家是亲属关系，隋朝开国皇帝文帝杨坚的皇后，与唐朝开国皇帝高祖李渊之父李昞的皇后（李渊称帝后追封其父为元皇帝，其母为元贞皇后）是姐妹，杨坚系李渊的姨夫，杨坚之子炀帝杨广系李渊的表弟；另一方面是因为唐与隋是继承关系，唐朝全面继承了隋的政治、经济等重要制度，并对其进行丰富发展，从而走向更加灿烂辉煌。

隋唐特别是唐的统治者，认真总结借鉴中国先贤实行统一战线的经验教训，正确处理君民、君臣、民族、宗教等关系，形成了共同建设国家的合力，助力了隋的“开皇之治”、唐的“贞观之治”和“开元盛世”，成就了唐成为当时世界上最先进、最文明、最发达的国家，写下了中国古代统战智慧史上的夺目篇章。

一、顺应民意、再度统一

清代学者顾祖禹的《读史方舆纪要》是记载中国古代战争最为详尽的一部专著。据该书统计，自黄帝时期到明代共发生大大小小战争 6 192 次。其中先秦时期 661 次，平均每年约 1.2 次；秦汉时期 682 次，平均每年 1.6 次；三国两晋南北朝时期 1 677 次，平均每年 4.6 次；隋唐五代时期 1 411 次，平均每年 3.7 次；宋辽夏金时期 620 次，平均每年 2 次；元明时期 1 141 次，平均每年 3 次。通过这部专著的数据分析，可以看出三国两晋南北朝时期发生战争的数量和频次，都高居中国古代各个历史时期之首。因此，这个时期给民众带来的家破人亡、流离失所、生活无着等苦难最多，民众深切渴望结束分裂战乱局面、实现国家统一、过上安定幸福生活。也就是说，实现国家统一已经成为主流民意。

顺应民意、实现统一，是三国两晋南北朝时期许多政治家的追求，但最终由杨坚完成，这不是偶然的，是多种因素共同作用的结果，而统一战线是最重要的因素之一。

（一）民族融合政策的实行和胡汉势力的联合，有效改变了弱势地位，为杨坚实现国家统一奠定了坚实基础

拓跋鲜卑占领中原大部分地区、建立北魏政权后，为抵御北部游牧民族柔然的攻击，设立了武川、怀朔等六个军镇。后来，北方六镇因不满地位下降而发动起义，来自怀朔镇的高欢和来自武川镇的宇文泰各自拥立皇帝，使北魏分裂成东魏和西魏。

由于武川宇文泰集团实力较弱，拥有的鲜卑军队人数很少，要稳定西魏在关中地区的统治地位，并与实力强大的怀朔高欢集团和东魏相抗衡，唯有团结关中本地的汉人，特别是汉人豪强。于是，宇文泰建立健全府兵制，促使一些汉人豪强相继率领乡兵归附。同时，宇文泰积极推行民族融合政

策，用儒家经典《周礼》改造中央官制，使汉人豪强和士人归心。他还赐予一些汉族军将鲜卑姓氏，如给杨坚家族赐姓普六茹，以达到胡汉联合的目的。实行这样的一些改革和政策，促进了胡汉团结，西魏以及在此基础上建立的北周实力显著增强。

与宇文泰重视胡汉团结不同，汉人出身的东魏高欢有着强烈的鲜卑化倾向，常使用鲜卑语号令三军，鲜卑官员也普遍轻视中原士族，在朝堂议事时甚至以“狗汉”呼之。在朝廷的影响下，鲜卑人欺辱汉人的现象在民间同样十分普遍。这不仅加剧了胡汉矛盾，也使东魏及以后的北齐政权走向衰落。公元 577 年，由宇文泰之子宇文觉废西魏恭帝后建立的北周，灭掉了北齐，统一了北方，为杨坚统一全国奠定了基础。

（二）通过政治联姻，掌握最高权力，为杨坚完成统一大业提供了关键条件

联姻，是中国古代产生最早、运用最广的改变力量对比的方式，也是中国古代统战智慧的重要体现。西魏的八柱国之下设有十二大将军。杨坚的父亲杨忠，就位居十二大将军之列。成年后的杨坚，跟随父亲南征北战，历练出不凡的军事才能，得到势力更大的独孤家族的赏识，从而促成了一次重要的政治联姻。杨坚的父亲为他迎娶了独孤家族的第七个女儿。杨坚的岳父独孤信出身鲜卑望族，位居八柱国将军之列。独孤信的长女嫁给了宇文毓，后来成了北周的明敬皇后；他的第四个女儿嫁给了另一位柱国大将军李虎的儿子李昞，李昞则是唐高祖李渊的父亲，也就是说，独孤信的第四个女儿就是李渊的母亲。

这次联姻，使杨坚进入了权力核心集团。

1981 年在陕西省旬阳县出土的
独孤信的 26 面印章

北周灭掉北齐后，杨坚因战功卓著被晋升为上柱国。更为重要的是，杨坚通过政治联姻，政治地位不断提高，并最终掌握了最高权力。北周统一北方后的第二年，周宣帝即位，杨坚的大女儿杨丽华成为皇后，杨坚随即被晋升为大司马。周宣帝即位不到一年，将皇位传给长子宇文阐，是为周静帝，周宣帝自称天元皇帝，但仍掌控朝政。次年，周宣帝暴病而亡，撇下了周静帝。公元 581 年，杨坚废掉了北周最后一个鲜卑皇帝周静帝，改元“开皇”，建立隋朝。这为他实现国家统一的政治抱负，提供了权力支撑。

（三）采取远交近攻、离强合弱的策略，分化瓦解突厥各部，为杨坚实现国家统一解除了后顾之忧

隋朝建立后，杨坚就开始谋划统一天下大计。当时全国的政治格局中有三股势力，中国南方由陈朝割据，中国北方由隋朝统治，隋朝的北部有强大的突厥牵制。杨坚深知，要实现国家统一大业，必须首先解决突厥这个后顾之忧。

隋文帝（公元 541—604）像

突厥是战胜柔然后新崛起的游牧民族，有数十万精锐骑兵，北方众多部族都归附其下。北周、北齐对峙时，双方都纷纷向突厥示好，每年送给突厥大量丝绸等资财，试图换取其支持，突厥也乐得坐山观虎斗。北周攻灭北齐，特别是隋朝建立后，杨坚对突厥采取了强硬政策，突厥便不断派兵南下侵扰，这也促使杨坚决定优先解决突厥的边患问题。

曾经出使突厥、滞留一年之久、熟知其内幕的大臣长孙晟上书杨坚，详细分析了突厥的内部情况，指出沙钵略可汗虽为大可汗，但与之并列的还有达头、突利、阿波等几位可汗，形成割据态势。据此，他建议采取“远交近攻、离强合弱”的策略，即联合达头可汗、阿波可汗和突利可汗，孤立打击沙钵略可汗，使他们相互猜忌、发生内乱，然后隋朝再来讨伐，从而一举消灭突厥。杨坚采纳了长孙晟的建议，出兵大败沙钵略可汗，导致其内部矛盾加剧，分裂为东、西两部。由于东、西突厥相互对峙，争相拉拢隋朝，战略态势完全颠倒过来了。开皇三年（公元 583 年），东突厥的沙钵略可汗宣布向隋朝称臣。这样，杨坚就解决了长期困扰中原政权的边患问题，终于可以放手伐陈了。

（四）深明国家大义，岭南冼夫人率众归附隋朝，支持杨坚最终完成再度统一的历史使命

杨坚在充分备战的基础上，顺利攻占南方陈朝都城建康，陈朝末代皇帝陈叔宝（陈后主）投降。陈朝灭亡后，岭南地区尚未归附隋朝。当地供奉冼夫人为“圣母”，以保境安民。冼夫人是高凉（今广东阳江西）人，俚族（壮族先民分支）首领，因嫁给太守冯宝而得名。虽然冼夫人出身于少数民族，但随着长期以来民族之间交往交流交融程度的加深、儒家大一统观念的广泛传播，她有了强烈的家国情怀。所以，当隋文帝杨坚派总管韦洸安抚岭南，向冼夫人出示陈后主给她的信，确认陈朝已亡、隋朝已经统一天下后，她立刻率众归附隋朝。

广东省茂名市的冼夫人雕像

更难能可贵的是，冼夫人还忠心维护国家的统一局面。岭南归附隋朝不久，王仲宣叛乱，岭南很多地方首领响应。冼夫人派兵击败了王仲宣，然后亲自护卫朝廷所派使者巡抚岭南诸州，命令他们统管其所属部落归顺隋朝，岭南地区复归安定。后来，番州总管赵讷贪虐，导致一些土著部落反叛。冼夫人上书隋文帝杨坚，反映赵讷罪状。隋文帝杨坚获得赵讷贪贿证据后，将其法办，并委派冼夫人处理反叛事宜。冼夫人亲载诏书，巡抚岭南十余州，这些地方再次臣

服隋朝。隋文帝杨坚对冼夫人忠心为国的义举给予重赏，冼夫人则每年将朝廷赏赐物品陈列于大庭上，告诫族人要对国家尽忠。

冼夫人促进民族团结、维护国家统一的崇高风范，受到后世的高度评价。2000 年，中共中央总书记江泽民称赞说："当年冼夫人力排阻力不搞分裂，坚持维护国家统一，增强民族团结，让岭南各族人民安居乐业，其功不可没。至今仍为我辈后人永远学习的楷模，值得万世纪念。"

隋文帝杨坚即位后，除实现国家再度统一外，还在政治、经济等方面进行了一系列改革，包括：在中央实行三省六部制，将地方的州、郡、县三级制改为州、县两级制，巩固了中央政权；多次减税，减轻人民负担，促进农业生产；对周边各族采取军事上防御、政治上招抚政策，促进各民族团结。总之，在他统治期间，政治稳固，社会安定，府库充盈，民生富庶，人口大增，文化繁荣，史家称之为"开皇之治"。

二、和谐社会关系的构建与贞观之治、开元盛世的出现

2013 年春，人们在江苏省扬州市曹庄施工时，发现了两座不起眼的砖室墓。经考古专家抢救挖掘，发现这竟然是大名鼎鼎的隋炀帝杨广与萧皇后的合葬墓。隋炀帝的陵墓何以如此寒酸呢？这就不得不说到他的执政经历。

公元 604 年，隋文帝杨坚逝世，次子杨广即位，是为隋炀帝。隋炀帝志向远大，他以"大业"为自己的年号，并"尚秦汉之规摹"，处处以秦始皇、汉武帝的功业为人生目标。他也

的确建立了一些彪炳史册的功业，如征调上百万民工，开通了以洛阳为中心，南至余杭（今浙江杭州），北至涿郡（今北京），全长 2 000 多公里的大运河。这条大运河连接了黄河流域和长江流域两个文明，为南北经济文化交流提供了便利，至今仍造福着中国人民，并且仍保留着最长人工运河的世界纪录。但隋炀帝好大喜功，滥用民力，在位期间除大兴土木，营建东都洛阳，开挖大运河外，还频繁发动战争，其中三次征讨高丽就动用军队 130 多万人，民工 200 多万人。据统计，这十余年间，被征调的农民不下 1 000 万人次，造成“天下死于役”的惨象。民众苦不堪言，无法生存，最终引发大规模农民起义。手握重权的众多大臣也纷纷起兵反叛，大业十四年（公元 618 年）隋炀帝杨广在江都（今江苏扬州）被杀，隋朝崩溃灭亡。显然，隋炀帝杨广又一次重复了失去民心，进而失去政权的历史悲剧，正如《大隋风云》所唱：“南征北战竭民力，予雄予智失民心。”这也就不难理解他死后陵墓为什么这么寒酸了。

隋炀帝杨广被杀后，时任太原留守的李渊，攻入长安后称帝，国号唐，称唐高祖。唐朝建立后，镇压了各支农民起义军，削平了各个割据政权，而后大体统一了全国。公元 626 年，战功卓著的李渊次子李世民发动玄武门之变，杀死自己的哥哥、太子李建成，逼迫父亲李渊退位，如愿以偿地登上了皇帝宝座，是为唐太宗，取年号贞观。唐太宗李世民在位 23 年，开创了“贞观之治”，为唐朝后来的盛世局面奠定了重要基础。随后，经过唐高宗李治、武则天等几位皇帝的接续努力，到唐玄宗李隆基执政时，唐朝进入全盛时期，因其年号为开元，史称“开元盛世”。这个时期的政治、经济、文化、科技等众多方面，无论是同中国以往朝代比，还是与同时期世界各国比，都处于领先地位。唐代著名诗人杜甫曾这样描写开元盛世："忆昔开元全盛日，小邑犹藏万家室。稻米流脂粟米白，公私仓廪俱丰实。九州道路无豺虎，远行不劳吉日出。齐纨鲁缟车班班，男耕女桑不相失。宫中圣人奏云门，天下朋友皆胶漆。"还可以参照几组数据，来看开元盛世的繁荣：一是人口，达到了 7 000 多万，占当时全世界人口的 1/3，从侧面反映了经济的发达程度，因为经济落后，就不可能养活这么多人口；二是疆域，约 1 237 万平方公里；三是外交，唐代的强盛吸引了世界许多国家的人前来交往学习，其中朝贡的国家就有 70 多个。时至今日，世界上许多国家仍将华人华侨在该国集中居住的地方称为唐人街。那么，唐朝的贞观之治和开元盛世是如何实现的呢？从统一战线的角度分析，主要是李世民、李隆基等唐朝的统治者，努力构建了和谐的君民、君臣、民族、宗教、国际关系，形成了共同建设国家的合力，创造了良好的外部环境。

（一）构建和谐的君民关系

唐太宗即位后，就如何借鉴隋王朝覆灭的教训，实现国家的长治久安，多次与群臣进行商议，出现了"王道"与"霸道"两种截然相反的观点。封德彝等人认为，经过长期战乱，人心不古，必须对民众予以高压，实行"霸道"。魏徵坚决反对这种主张，认为经过战乱的民众容易接受教化，如同饥渴之人容易对饮食满足，所以他主张"偃革兴文，布德施惠"，实行"王道"。唐太宗采纳了魏徵的建议，开始了由"马上打天下"到"马下治天下"的转型。

在确定实行“王道”的政治路线后，唐太宗还与群臣更深入地讨论了皇权的来源和君民关系问题，深刻认识到“水能载舟，亦能覆舟”的道理，因而反复强调要“以百姓之心为心”。唐太宗还就自己推崇的民本思想，打了一个形象的比喻：“为君之道，必须首先安养百姓，如果为了一己之私去损害百姓的利益，就像是割自己身上的肉来填饱肚子，肚子饱了，人也死了。”

唐太宗和群臣按照以民为本的思想，制定并实施了轻徭薄赋、鼓励垦荒、兴修水利、奖励多生等具体政策，生产逐渐恢复。到贞观中期，虽然经济仍未达到隋朝的水平，但社会安定，全国形成了家给人足的小康局面。

到唐玄宗开创的开元盛世时，这种和谐的君民关系得到进一步巩固发展，其中天宝二年（公元 743 年）在长安城东广运潭举行的检阅盛会，既是唐朝鼎盛时期成果的展示，也是君民和谐关系的缩影。这天，唐玄宗和大臣们登上望春楼，在锣鼓喧天、载歌载舞的引导船之后，300 多艘载有各郡特产的船只依次在他们面前经过，其中广陵郡（今江苏扬州）船上的锦、豫章郡（今江西南昌）船上的瓷、宣城郡（今安徽宣城）船上的纸、南海郡（今广东广州）船上的珍珠等，至今也是名品。据史书记载，这不仅是一次检阅各地物产的博览会，还是一次君民同乐的盛大聚会。因为那天除了唐玄宗和大臣们外，成千上万的长安百姓也都涌到广运潭边观看，君民的脸上都洋溢着国泰民安、身逢盛世的喜悦。

（二）构建和谐的君臣关系

贞观时期，唐太宗和群臣对如何正确处理君臣关系有过深入具体的讨论。他们重新提出《礼记·礼运》中“天下为公”的原则，强调君臣共治天下，并认为这是实现天下大治的重要条件。魏徵上书唐太宗说：“国君就像是一个人的大脑，大臣就像是一个人的四肢，只有同心协力地配合起来，才能构成一个人的整体。缺少任何一个部分，都不能算是一个完整的人。大脑虽然高贵重要，但必须有四肢的配合，才能成为一个整体。国君虽然英明，但必须依靠大臣的辅佐才能把国家治理好。”唐太宗同样认为君臣是利益共同体，也是“命运共同体”。他说：“无论国家安定还是混乱，安全还是危险，君臣都应该同舟共济。如果君主能够接受忠言，臣子能够直言进谏，那么君臣之间就会非常默契，这是自古以来治国所重视的方法。如果君主贤明，而臣子却不匡正辅佐，想要不亡国，是不可能的。君主要是失掉了江山，臣子也就不能保全自己的家族。像隋炀帝，他为人非常暴虐，臣下不敢进言，这使他不知道自己的过失，最后国破家亡，大臣虞世基等人不久也被杀死。”

唐太宗（公元 599—649）像

魏徵（公元 580—643）像

唐太宗还与魏徵讨论了何谓“忠臣”与“良臣”。魏徵在一次上奏时，特别对唐太宗说：“但愿您能够使我成为良臣，而不要使我成为忠臣。”唐太宗困惑不解，问：“良臣”与“忠臣”有何区别？魏徵回答道：“所谓忠臣，就是敢于进谏，但却被皇帝诛杀，这样不仅使皇帝陷入不义，恶名昭著，又使得国家和自己的小家都走向毁灭，唯独自己享有敢于进谏的好名声。至于良臣，则是皇帝勇于纳谏，君臣都享有美名，使得子子孙孙都享有荣华富贵。”唐太宗完全认同魏徵的观点，并且鼓励他做良臣，自己做明君。

在唐太宗倡导的宽松政治环境下，贞观年间形成了大臣勇于进谏、君主乐于纳谏的风气。据统计，魏徵在与唐太宗共事的十几年间，前后陈谏二百余件事，其中不乏犯颜直谏的尖锐意见，唐太宗都虚心采纳了。执政后期，唐太宗看到社会安定、国家昌盛，不禁流露出骄傲自满情绪。魏徵及时呈上《十渐不克终疏》，批评唐太宗较之登基之初，求治之心锐减而骄逸之心渐萌，提醒他要居安思危、善始善终。唐太宗看后说：“朕今闻过矣，愿改之，以终善道。”还将这篇疏文贴在朝堂的屏风上，时时提醒自己。在唐太宗的鼓励和魏徵的带动下，王珪、戴胄、马周等众多大臣都踊跃进谏，甚至先前一些喜欢阿谀奉承的大臣也纷纷提出批评意见，从而出现了一个良臣群体，形成了和谐的君臣关系，其中唐太宗与魏徵无疑是这种和谐关系的典范。魏徵死后，唐太宗悲痛万分，亲撰碑文，并说了下面一番后世皆详的话：“夫以铜为镜，可以正衣冠；以古为镜，可以知兴替；以人为镜，可以明得失。朕常保此三镜，以防己过。今魏徵殂逝，遂亡一镜矣！”

唐玄宗亲政后，为了稳定因宫廷内斗而动荡不安的局势，十分重视借鉴贞观之治的经验，恢复和谐的君臣关系，希望通过君臣同心协力，继往开来，再创辉煌。这集中体现在他与宰相姚崇、宋璟等重臣的关系上。经过多方考察比较，唐玄宗决定任用刚正廉洁的姚崇为宰相，但姚崇并未马上谢恩接旨，而是提出，只有皇上答应他的十条建议，他才愿意担任此职。这十条建议直指时弊，其中有两条是主张恢复和谐君臣关系的，即："前朝轻辱大臣，有损君臣之间严正关系，我希望陛下接见臣下待之以礼，行吗？过去燕钦融、韦月将因忠谏而被惩，致使直言忠臣都灰心沮丧，我希望所有臣子都可以批逆鳞，犯忌直谏，行吗？"唐玄宗当即回答："我都能做到。"姚崇这才接任宰相。毛泽东称赞姚崇为"大政治家"，"如此简单明了的十条政治纲领，古今少见"。在唐玄宗的大力支持下，姚崇全面践行他的十条政治纲领。将辅佐唐玄宗登基的有功之臣和唐玄宗的几位兄弟贬为外州刺史，使功臣和宗王无法结合起来，杜绝了再次发生宫廷政变；大力整顿吏治，罢免了武则天以来所有的员外官、试官、检校官，严禁皇亲国戚利用权势为人请托；严惩皇亲国戚的违法行为，使国家重回法治轨道。在唐玄宗和姚崇等群臣的共同努力下，经过几年时间，稳定政局的任务已经完成，开始向着开元盛世的目标前进。可以说，和谐的君臣关系成就了开元盛世，开元盛世体现了和谐的君臣关系。

（三）构建和谐的民族关系

贞观四年（公元630年），北方和西北各民族给唐太宗献上了"天可汗"的尊号。"可汗"是鲜卑、柔然、突厥、回纥等对其最高统治者的尊称。这样唐太宗就有了皇帝和"天可汗"两个身份，表明了各民族对他的共同拥戴，也体现了唐代和谐的民族关系。这种和谐的民族关系是怎样形成的呢？

首先，确立民族平等的指导思想。唐太宗出生于一个典型的民族融合家族，他的父亲是汉族，母亲是鲜卑族，因而民族偏见较少，有着强烈的民族团结愿望。他的父亲唐高祖李渊开国后，就强调武力征服只能使少数民族屈服一时，不能共处一世，所以只能以“怀柔远人，义在羁縻”的政策对待少数民族，使其畏威怀惧，友好相处，这对唐太宗产生了直接影响。唐太宗即位伊始就开宗明义阐明了自己的民族思想，“王者视四海如一家，封域之内，皆朕赤子”。贞观十八年（公元 644 年）又指出：“夷狄亦人耳，其情与中夏不殊。人主患德泽不加，不必猜忌异类。盖德泽洽，则四夷可使如一家；猜忌多，则骨肉不免为仇敌。”贞观二十一年（公元 647 年），更进一步指出：“自古皆贵中华，贱夷狄，朕独爱之如一，故其种落皆依朕如父母。”这标志着唐太宗民族平等指导思想的确立。

其次，实行羁縻府州制度。贞观年间平定东突厥、吐谷浑、薛延陀后，并没有杀死其首领，而是推行了羁縻府州制度，就是在各少数民族聚居区列置州长，重要地点设置都督府，仍由本民族首领担任都督、刺史等，可以世袭。这些羁縻府州一般不向朝廷申报户口、缴纳赋税，但要接受唐朝边州长官的征调，并向朝廷进贡。这项制度最为显著的特征是，一方面其州府长官由朝廷册立任命，另一方面可以传统方式处理本民族内部事务，具有相对独立的自治权。据《新唐书》记载，唐时羁縻府州共有 856 个。由于这项制度既维护了国家的根本利益，又照顾了各民族的具体利益，因而受到普遍拥护，对形成和发展和谐民族关系提供了制度保障。

再次，任用少数民族人才。除按照羁縻府州制度，任用少数民族首领担任本地区都督、刺史等地方官职外，朝廷里也大量任用少数民族人才担任各级官职；少数民族人才担任的官职中，既有文官，也有武官。这些少数民族官员同汉族官员团结协作，共同为国家的发展安定做出了重要贡献，并涌现出了许多忠烈人物。契苾何力是铁勒部人，世袭可汗，贞观六年（公元 632 年）率众归唐，唐太宗授其左领军将军、左骁卫大将军等职，在平定吐谷浑、高昌、龟兹等战役中屡立战功。贞观十六年（公元 642 年），唐太宗派契苾何力回凉州（今甘肃武威）省亲，不料被本部落的人捆绑起来，送到薛延陀（铁勒部之一）真珠毗伽可汗牙帐前，要求其叛唐归附薛延陀。契苾何力拔出佩刀大声喊道："岂有大唐忠烈之士受你们的污辱，天日昭昭，望你们知道我的真心。"随即将自己的左耳割下，以示决不叛唐。唐太宗听说此事后，感动落泪，当即决定将女儿新兴公主嫁给真珠毗伽可汗，换回了契苾何力。唐太宗死后，契苾何力悲痛欲绝，提出以身殉葬，被唐高宗李治制止。仪凤二年（公元 677 年），契苾何力病逝，陪葬唐太宗昭陵。

青海省海南藏族自治州文成公主雕像

最后，采取和亲政策。无论是唐太宗，还是唐玄宗，以及其他唐朝的统治者，都十分重视采取和亲政策，消除民族隔阂，促进民族团结，巩固发展和谐民族关系。这当中，最有代表性的莫过于唐蕃和亲了。吐蕃王朝是中国西藏历史上第一个有明确史料记载的政权，赞普（王）松赞干布被认为是实际建政者。贞观三年（公元 629 年）松赞干布继承王位后，十分仰慕中原文明，几次派使者向唐朝求婚，唐太宗便把文成公主嫁给了他，唐与吐蕃正式结成姻亲关系。文成公主是个有才识的女子，出嫁时带去了很多书籍和谷物、蔬菜种子，先进的生产工具，以及大批手工业工匠，促进了吐蕃的经济社会发展。景龙四年（公元710年），吐蕃赞普弃隶缩赞又迎娶了金城公主，并在后来给唐玄宗的上书中说："外甥是先皇帝舅宿亲，又蒙降金城公主，遂和同为一家。天下百姓，普皆安乐。"唐穆宗长庆元年（公元821年），唐朝和吐蕃双方互派使节，在长安和逻些（今西藏拉萨）盟誓，并将盟文刻石立碑。该石碑被称为唐蕃会盟碑，又称甥舅和盟碑。盟文回顾了两次和亲的历史，强调要"再续慈亲之情，重申邻好之义"。甥舅和盟碑历经千年风雨，目前仍矗立在拉萨大昭寺前，成为汉藏亲如一家的历史见证。

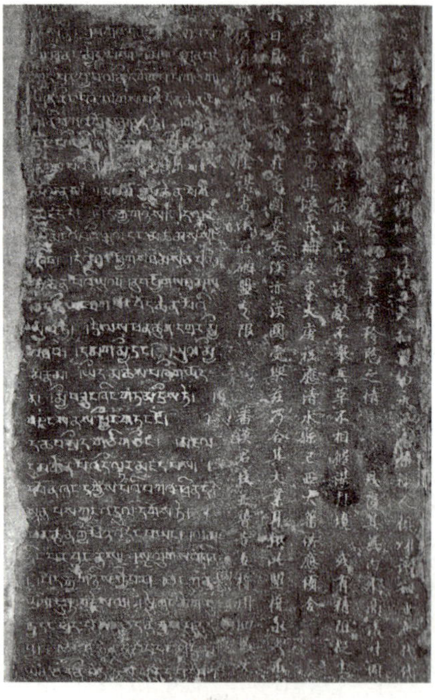

唐蕃会盟碑拓片

（四）构建和谐的宗教关系

唐代是一个宗教盛行的社会，其中影响最大的是儒教（汉武帝罢黜百家、独尊儒术，至南北朝开始将儒家称为儒教，唐朝沿袭这种称谓）、佛教、道教。从唐高祖开始，到唐太宗、唐玄宗等，统治者为了维护自己的统治地位，促进国家的安定繁荣，根据儒佛道各自的历史渊源、教义特点、功能差异，采取了重儒、崇道、尊佛的三教并用、和谐共存的政策，具体即：通过重儒以寻求道统的合法性，确立治国理政的主导思想；通过崇道以寻求血统的正统性，坚实李氏皇权合法性的基础；通过尊佛构建精神世界信仰，作为归化民心的工具。在这个过程中推动三教和谐共存，形成和谐宗教关系。为了落实这项政策，采取了若干重大措施。

一方面，举行三教讲论活动。武德七年（公元 624 年），唐高祖趁举行释奠礼仪之机，邀请儒佛道三教代表人物公开讲论，李世民和满朝文武旁听。代表儒教出场的是国子博士徐文远和太学博士陆德明，代表佛教出场的是长安圣光寺沙门（出家佛教徒的总称）慧乘、普光寺沙门道岳，代表道教出场的是清虚观道士刘进喜、李仲卿。由于唐高祖以老子李耳后裔自居，以道教为本宗，所以辩论中的席次以道教居首，儒教居中，佛教殿后。刘进喜、徐文远、慧乘三人相继升座讲经，然后相互辩论，气氛极为热烈。唐高祖举行三教讲论活动的目的是什么呢？他在这次释奠仪式之前发布的诏书中，就为三教关系定下了这样的原则和基调："三教虽异，善归一揆。"意思是，儒佛道三教虽然存在差异，但归根结底都是追求善的。因此，三教完全可以相互借鉴，取长补短，和谐共存。举办三教讲论活动就是为它们之间的相互交流提供一个平台。从这次讲论活动的效果来看，参与讲论的各方为了驳倒对方，莫不广引对方经典以资辩驳，这在客观上促进了三教之间的相互了解，相互借鉴，相互融合。此后，三教讲论成为经常性活动，有效地促进了三教的和谐相处。

另一方面，遍注三教。唐玄宗即位后，进一步完善宗教政策，提出"会三归一"的主张，这实际上是一种三教齐一的政策。体现这一政策的主要举措之一，就是遍注三教。开元十年

（公元 722 年）、开元二十三年（公元 735 年）、开元二十四年（公元 736 年），唐玄宗分别御制《孝经》《道德经》《金刚经》，颁行天下。《孝经》是儒教经典，主张在家“以孝事亲”，出则“以忠事君”，受到历代统治者的重视。《金刚经》是佛教经典，受到佛教各宗派的普遍崇奉，在民众信仰世界中也具有广泛影响。《道德经》为老子所作，被誉为“万经之王”，是道教的最高经典。唐玄宗遍注三教，具有非常重要的象征意义，表明了朝廷三教齐一的态度和政策，对于促进三教的调和乃至融合，构建和谐的宗教关系，发挥了显著作用。

由于唐高祖、唐太宗、唐玄宗等都推行三教并用、和谐共存之策，儒佛道之间的关系总体上是和谐的，这在民间体现得尤为充分。其中，最具代表性的要数唐玄宗时青城山道士刘知古的家庭了。他的兄长是儒生，弟弟是出家于武担山静乱寺的和尚，自己则是青城山的道士。据史料记载，这个尊重兄弟信仰的刘知古，曾在益州太清观静思院画了老子、孔子和释迦牟尼，宰相张说评论道：“乃画三圣，同在此堂，焕乎有意哉，达观之一致也。”

（五）构建和谐的国际关系

“九天阊阖开宫殿，万国衣冠拜冕旒。”这是唐代诗人王维《和贾至舍人早朝大明宫之作》中的两句诗，描写的是各国使节来到长安大明宫朝拜大唐皇帝的盛况，从一个侧面反映了唐朝的对外关系进入了一个辉煌时期。从唐太宗到唐玄宗，一直都奉行全方位对外开放的政策，同周边及世界许多国家加强政治、经济、文化等方面的交流，增进了中国人民与各国人民的相互了解和友谊，形成了和谐的国际关系。

首先是政治方面的交流。唐朝的鼎盛，显示了其政治制度的优越性，受到日本、新罗（朝鲜半岛古国）等众多国家的关注，它们纷纷派出使者到大唐交流学习，并仿照唐制进行改革。贞观十九年（公元 645 年），日本孝德天皇宣布模仿大唐建立年号，定年号为“大化”，并于次年颁布《改新之诏》，正式开始改革，史称“大化改新”。这次改革以唐朝律令制度为蓝本，参酌本国国情，建立了中央集权的封建国家体制，奠定了日本的国家发展方向。贞观六年（公元 632 年），唐太宗决定对外国学生开放科举考试，并且外国留学生考取功名后，还可在唐朝官府任职。据史料记载，唐朝的国子监是一所颇具盛名的国际性大学，留学生人数众多，尤以日本、新罗留学生居多，在唐朝官府里做官的也不少。日本人阿倍仲麻吕开元五年（公元 717 年）到大唐留学，毕业后参加科举考试中进士，并担任过洛阳司经校书、左春坊司经局校书、门下省左补阙、仪王友、卫尉少卿、秘书监兼卫尉卿、左散骑常侍兼安南都护、安南节度使、光禄大夫兼御史中丞等职。天宝十二载（公元 753 年），阿倍仲麻吕提出回国，唐玄宗特任命他为唐朝驻日本使节（任命外国人为中国使节，历史上是很罕见的）。依依惜别之际，阿倍

遣唐使阿倍仲麻吕纪念碑

仲麻吕写了《衔命还国作》这一动人诗篇，抒发了对中国的留恋和对唐玄宗的感恩之情，成为歌颂中日两国人民友谊的史诗。

其次是经济方面的交流。唐朝重新统一中国后，魏晋南北朝时期因战乱被阻断的丝绸之路，迎来了新的发展，由先前的南北两道发展为三道。北道从伊吾（今新疆哈密）越过天山，沿草原之路西行，经过铁勒、突厥等游牧民族地区，到达东罗马；中道从高昌（今新疆吐鲁番）西行，越过葱岭（今帕米尔高原），经瓦罕山谷，进入粟特地区，再到波斯（今伊朗），到达地中海沿岸；南道从鄯善到于阗（今新疆和田）、朱俱波（叶城）等，翻过葱岭，过吐火罗地区（今阿富汗），进入天竺（今印度）。与此同时，开通了广州通海夷道，也被称为海上丝绸之路，从广州启航，穿越南海、印度洋、波斯湾、东非和欧洲，途经 100 多个国家和地区，全长14 000 公里，是当时世界上最长的国际航线。陆上丝绸之路的繁荣和海上丝绸之路的开通，极大地促进了大唐与亚欧非众多国家的经贸往来。特别是长安作为国际化大都市，不仅是政治、文化中心，也是经贸中心，吸引世界各地的商人来这里从事经贸活动，密切了中国与这些国家的联系。

最后是文化方面的交流。盛唐是东亚文化圈形成的重要时期，同时也是与印度文化圈、伊斯兰文化圈友好往来的时期。盛唐作为东亚文化圈的核心，其灿烂文化受到日本、新罗等许多国家的喜爱，吸引了这些国家的人们来唐朝，他们也邀请唐人到他们的国家传播中国文化。高僧鉴真受日本政府和佛教界之邀弘法，从天宝元年（公元 742 年）开始，先后五次试图东渡日本失败，其中第五次还导致双目失明，但始终没有放弃，终于第六次东渡成功，为圣武天皇及其他许多贵族僧人授戒，并校正佛经，传授戒律，弘扬医术，为促进中日文化交流做出了重要贡献，被日本尊称为“过海大师”。盛唐时期，唐王朝既热情地向其他国家传播中国先进文化，也以宽阔胸襟学习借鉴其他国家的优秀文化。贞观三年（公元 629 年），玄奘从京师长安出发，历经千辛万苦抵达天竺学习，历谒名贤，遍寻梵本，刻苦钻研，终成享誉中外佛教界的高僧，同时也成为中印两个文明之间友好交往的化身。

日本奈良唐招提寺内的鉴真和尚（公元 688—763）塑像

大雁塔和玄奘雕像

三、广泛延揽人才的创举——科举制

科举系分科目而举士人之意。科举制是通过考试选拔人才的重要制度，创始于隋代，完善于唐代，对后世及世界上诸多国家产生了深远影响，因而被一些人誉为中国的第五大发明。

（一）科举制的创始

广泛延揽人才是治国理政的重大问题，也是统一战线凝聚力量的重要体现。中国进入奴隶社会后，至迟在周代，普遍实行世官制度，就是周王及诸侯国之下的贵族，世代相袭为官，并享有所分土地及其税赋收入。春秋战国时期“礼崩乐坏”，世官制度遭到严重冲击，经举荐考核而任用的选任制逐步确立，一些不属于贵族的下层人士得以提拔重用。两汉时期，选任制度发展为征辟和察举两种具体制度：征辟制度就是征召名望显赫的人士入仕，其中皇帝征召的称“征”，官府征召的称“辟”；察举制度的主要特征是，由地方长官在辖区内考察选取人才并推荐给上级机关和中央，经过试用考核再任命官职。魏晋南北朝时期，将汉代察举制完善为九品中正制，主要是将察举由地方官负责改为由专设的名为“中正”的官员负责，按出身、品德、才能考核民间人才，分为上上、上中、上下、中上、中中、中下、下上、下中、下下九品予以录用。但是，由于这个时期世家大族势力强大，常影响中正官考核人才，后来甚至发展为仅依据门第考核人才，造成“上品无寒门，下品无势族”的弊端，导致阶级阶层固化，严重堵塞了中下层人士进入官员队伍之路。

隋朝时期，深知九品中正制弊端的隋文帝杨坚，为了抑制和打击世家大族的势力，扩大自己的统治基础，广泛延揽优秀人才，明令废止九品中正制。开皇七年（公元 587 年）后，隋文帝诏令各州每年推荐 3 人，参加秀才与明经两科考试，其中秀才科主要考治国方略，明经科主要考儒家经典。隋炀帝杨广即位后，又增设了进士科，这实际上是一种文学科目。由此，形成了秀才、明经、进士三科并列的格局，标志着科举制的正式确立。隋朝通过创设科举制，选拔了一批优秀人才，其中房玄龄、侯君集、孙伏伽等进士后来成为唐初的名臣。当然，隋朝的科举考试时间、内容、程序、方法等还不完善，尤其是考生仍须由地方政府推荐，而不能自荐。

（二）科举制的完善

唐朝全面继承了隋朝的科举制度，并结合本朝实际，又有了许多新的发展，形成了较为完备的制度体系，成为发现、选拔人才的主渠道。唐代的科举考试科目发展为制科和常科两类。

所谓“制科”，就是皇帝为选拔非常之才而专设的考试科目，其科目多达上百，诸如博学宏词科、文经邦国科、达于教化科、军谋越众科等。应试者可以由他人举荐，也可以自荐；可以是无官职的人，也可以是有官职的人。制科考试不定期举行，以开元时期最盛，全国应试者“多则两千人，少犹不减千人”，“所收百才有一”。考试内容以策论为主，也考经史和诗赋。录取后，“文策高者，特赐与美官，其次与出身”，像张九龄、柳宗元等都是参加制科考试后获得重用的。

所谓“常科”，就是每年定期举行科举考试的科目。常科最初放在尚书省（行政汇总机构）吏部，具体由考功员外郎主持，后因郎官资望太轻，改由礼部侍郎主持。礼部下设贡院，考试、阅卷、放榜等都在这里进行。参加常科考试的应试者不必由官府举荐，特别是下层寒士得不到举荐“亦听自举”，这标志着自荐考试成为定制。应试者主要包括“生徒”和“乡贡”两部分人：“生徒”即官办学校的学生，经学校考试合格后，可参加每年春天在京师长安贡院举行的考试；“乡贡”即各地自学或在私塾学成者，每年秋天到县、州应试，考试合格者由地方政府随同进贡的物品一起送到京师，参加春天在贡院举行的考试。考试科目较之隋朝显著增加，除了秀才、明经、进士科外，还有明法（考察法令知识）、明书（考察文字理论与书法水平）、明算（考察算术知识）等科，武则天主政时还增设了武科（主要考步射、马射、马枪、负重等）。经常采用的考试方法，主要有帖经、墨义、策问、诗赋等，间或还有口试。“帖经”，就是将儒家经典上某行贴上 3 个字，要求将所贴住的字写出来，类似现代考试的填空题。“墨义”，就是对经义的问答，只要熟记经文和注疏即能回答。“策问”，就是设题指事，由应试者做文章，要求对现实中政治、吏治、人事、教化、生产等问题进行论述，并提出对策建议。“诗赋”，就是写诗作赋，主要考察应试者的文学修养和文化水平。

委派官职由吏部负责。因此，科举及第者还要接受吏部铨试，俗称“关试”。关试完毕后，各科及第者就都隶属于吏部，等候委派官职。急于就职者，可再参加吏部的“博学宏词”

“书判拔萃”两种考试，合格者会立即被授予官职。

（三）科举制的意义

隋唐时期科举制的实行，主要有两方面的积极意义。一方面，广泛延揽了优秀人才。全国各地、各界、各级优秀人才，通过参加科举考试，进入各级官府中，显著壮大了治国理政人才队伍，为实现开皇之治和贞观之治、开元盛世奠定了坚实的人才基础。

另一方面，促进了阶层流动。科举制的实行，自荐考试的出现，严密考试程序的完备，打破了九品中正制下阶层固化的状况，促进了阶层的流动，特别是为下层民众提供了上升通道，一些平民百姓通过科举考试进入官府为官，扩大了统治基础。同时，科举制使社会各阶层人士获得了公平竞争的机会，考取者无私恩，落选者无怨恨，亦有利于社会的安定、政治的清明、和谐阶层关系的构建。

四、祸起萧墙、自取衰亡

开元盛世和安史之乱都发生在唐玄宗主政时期，这似乎令人难以理解。更让人难以接受的是，安史之乱后，盛唐转衰，最后灭亡。分析个中原因不难发现，作为当时世界上最强盛的国家，没有哪个国家可以打败它，能够打败它的只有自己。具体说，就是祸起萧墙，内部同心合力让位于离心争斗，和谐的社会关系被撕裂的社会关系取代，这集中体现在以下几个方面。

（一）藩镇割据之祸

唐玄宗晚年怠于朝政，贪图享乐，口蜜腹剑的宰相李林甫逐渐专权。唐朝为了巩固边防，大量扩充防戍军镇，又称藩镇，并在全国九个藩镇设置了节度使。李林甫为了巩固自己的地位，杜绝有才学的汉族将领“出将入相”，便向唐玄宗建议由胡人将领担任节度使。这样，唐玄宗宠信的安禄山一人就兼任了范阳（今北京）、河东（今山西）、平卢（今辽宁朝阳）三镇节度使，拥有精兵15万，约占边疆地区兵力的1/3，约占全国总兵力的1/4。李林甫死后，唐玄宗新宠杨贵妃远房堂兄杨国忠继任宰相，其专权较之李林甫有过之而无不及，而唐玄宗对安禄山的宠信使他感到巨大威胁，于是千方百计搜集安禄山谋反的情报，并不断向唐玄宗告状，导致二人矛盾迅速激化。据说，心怀异志的安禄山原本想等唐玄宗死后造反，但杨国忠的步步紧逼迫使他提前行动了，打出的旗号就是诛杨国忠以清君侧。

天宝十四载（公元755年）十一月，安禄山联合部下史思明在范阳起兵反唐，史称“安史之乱”。安禄山的叛军势如破竹，很快就占领了东都洛阳，次年，安禄山在洛阳称帝。同年六月，京师长安失陷。唐玄宗逃往蜀中避难，留下平叛的太子李亨即皇帝位，是为唐肃宗。唐肃宗一方面调兵遣将，一方面多次向与唐友好的回纥借兵，形成了平叛的合力。而叛军内部则发生了内乱，先是安禄山被其子安庆绪所杀，继而史思明被其子史朝义所杀，至广德元年（公元763年）史朝义自杀，叛乱平定，安史之乱才终于结束。

安史之乱后，唐王朝面临的最大困局是藩镇割据。安史叛军投降后，唐王朝为了尽快稳定局势，先后任命几位安史旧部担任节度使，仍然统率原来的军队。他们掌权的这些藩镇，名义上尊奉唐王朝，实际上“既有其土地，又有其人民，又有其甲兵，又有其财赋”，且父死子继，长期割据一方，是朝廷的心腹大患，也是唐王朝最主要的掘墓者。

（二）牛李党争之祸

唐朝中晚期可谓祸不单行，除了藩镇割据之祸，又出现了影响朝政近 40 年的牛李党争之祸。如果说藩镇割据之祸涉及的是中央与地方关系的话，牛李党争之祸涉及的是朝官之间的关系，因而应对起来更为艰难，难怪唐文宗无奈地感叹道：“去河北贼易，去朝廷朋党难。”

牛党的领袖是牛僧孺，李党的领袖是李德裕。牛、李结怨的起因是唐宪宗时期的一次科举考试。当时还是举人的牛僧孺等人，在考卷中激烈地抨击朝政，宰相李吉甫（李德裕之父）认为揭了他的短处，对自己不利，便在唐宪宗面前说，牛僧孺等人与考官有私人关系，于是唐宪宗将考官降职，牛僧孺等人也未被提拔，双方由此结怨，并形成牛、李两派，争斗不已。

牛李党争本质上是围绕争权夺利展开的，主要表现为以人划线，此进彼退，互相倾轧。唐穆宗时，李德裕为浙西观察使，本当入朝为相，却很长时间不得调动，反而牛僧孺被晋升为相，造成牛、李两派矛盾加深。唐文宗时，牛、李两党斗争白热化，在朝议事，争吵不休，进退官员，唯党为是。唐武宗即位后，李德裕担任宰相，将牛僧孺贬到南方。等到唐宣宗即位，牛党得势，将李德裕贬到偏远的崖州（今海南海口）。直到牛、李两党领袖先后逝世，牛李党争才告结束。

牛李党争恶化了政治环境，分裂了士大夫群体，导致社会各种矛盾日趋激化，加深了唐朝后期的统治危机，使唐王朝加速走向灭亡。

（三）宦官专权之祸

宦官又称太监，是专供皇帝及家族役使的奴仆。宦官与皇帝及家族的这种特殊关系，造成了唐朝后期的宦官之祸，较之藩镇割据之祸和牛李党争之祸，其危害更大。特别是，宦官专权与藩镇割据、牛李党争相互纠缠，推波助澜，对唐王朝的打击是致命的。

唐初，朝廷对宦官的使用是有一定限制的，干政现象鲜有发生。到唐德宗时期，因发生泾原兵变，宦官窦文场、霍仙鸣护卫有功，于是兵变平息后，唐德宗不再信任朝官，特设神策军护军中尉两员，由窦、霍二人担任，统帅神策军。神策军地位在其他禁军之上，装备精良，有 15 万人之多，控制了神策军等于控制了中央的军事力量。唐宪宗即位后，宦官的权力进一步扩大。首先是设立了左右枢密使，由宦官二人充任，成为皇帝与宰相之间的枢纽，为宦官干预中枢决策创造了条件。其次是宦官还掌握了除神策军之外其他禁军的控制权。这样，两中尉、两枢密使掌握了军政大权，成为朝廷实际统治者。

宦官专权局面形成后，必然与朝官发生冲突。因为宦官的机构在北面宫城，朝官的衙门在南面皇城，所以朝官与宦官的斗争被称为“南衙北司之争”。唐文宗即位后，不满宦官专权的局面，与朝官策划了剪除宦官的计划，不料因经验不足失败，宰相及众多朝官被杀。从此以后，宦官更加专横，胁迫皇帝，蔑视宰相，欺凌士人，“天下事皆决于北司，宰相行文书而已”。特别是皇帝与宦官的地位完全颠倒了，皇帝的废立皆由宦官决定，自唐顺宗至唐亡，有几位皇帝都是由宦官拥立的，还有几位不听话的皇帝干脆被宦官杀掉了。

藩镇割据、牛李党争、宦官专权三祸并至，导致唐朝后期政治、经济形势严重恶化，危机四伏，特别是百姓赋税增加，徭役增多，生活无着，破产逃亡，起义不断。黄巢起义爆发后，长安被攻陷。虽然黄巢起义被镇压下去了，但各地藩镇割据加剧，最后实力最强的朱温胜出。天祐四年（公元 907 年），朱温废黜唐哀帝李柷后称帝，改国号为梁，唐朝灭亡，中国进入分裂的五代十国时期。

唐朝由盛而衰、由衰而亡的教训是惨痛的，也是深刻的。从统一战线的角度总结，唐朝前期的统治者，注重运用统战智慧，构建和谐的君民关系、君臣关系、民族关系、宗教关系和国际关系，促进了贞观之治和开元盛世的形成。然而，唐朝中后期的统治者，并没有去维护更没有去发展和谐的社会关系，导致社会关系撕裂，酿成安史之乱，最终走向衰亡。由此可见，不能仅仅把统一战线作为权宜之计，而要把它作为长远之策，既要重视在初创时期运用统战智慧，又要重视在承平时期运用统战智慧，这样才能持久地提供力量保障，国家才能长治久安。

第五章

五代两宋和辽夏金元时期的统战智慧

五代（公元907—960年）、两宋（公元960—1279年）和辽（公元907—1125年）、西夏（公元1038—1227年）、金（公元1115—1234年）、元（公元1206—1368年）时期的显著特征是，在宋朝结束五代十国分裂状态而建立的同时，周边民族政权辽、西夏、金、蒙元先后兴起和壮大，形成了宋辽夏金元诸政权相互对峙的局面，各方在残酷的生死存亡较量中，上演了一幕幕时而结盟、时而背盟的统一战线活剧，严重影响着各方力量的此消彼长，进而影响着政权的兴衰更替。在这个过程中，中国古代的统战智慧获得了新的发展，出现了一些新的方式方法。

一、五代十国时期的收养义子壮大力量之风

唐朝灭亡后，中原地区相继出现了后梁、后唐、后晋、后汉、后周五个朝代，史称“五代”。在南方，还先后存在过一些封建割据政权，其中有吴、吴越、前蜀、南汉、楚、闽、荆南（南平）七国，后唐时后蜀取代前蜀，后晋时南唐取代吴国，后周时又出现了在太原立国的北汉，史称“十国”。五代十国时期的政权分立，实际上是唐朝藩镇割据局面的延续。这个混乱时期，各割据政权为了自保或扩张，可谓“怪招迭出”，其中最为盛行的做法就是收养义子，以壮势力。所谓“义子”

（又称“假子”“养子”），系收养的非亲生的儿子，这是一种基于虚拟血缘关系而形成的异姓间亲密父子关系。收养义子现象古已有之，起源于中国传统的宗族继承思想。那时有的人若无生育能力或无子，为了延续宗族血脉，让自己老有所依，便会收养义子。到了唐末，那些大权在握的宦官收养义子，已不再是单纯地为了延续宗族血脉和老有所依，而主要是为了让自身的权力得到延续，因而具有了强烈的政治色彩。比如唐末宦官杨复光，其膝下拥有很多义子，并且这些义子中不少是位高权重的地方节度使，其中杨守亮为兴元节度使，杨守宗为忠武节度使，杨守忠为洋州节度使。唐末宦官收养义子的做法，对割据一方的各地节度使产生了重要影响，并在五代十国时期演变为一种社会风潮。正如司马光在《资治通鉴》中所写：“唐末宦官典兵者多养军中壮士为子以自强，由是诸将亦效之。”考察五代十国时期收养义子现象，可以发现，收养义子不仅成为笼络人心、壮大实力的重要手段，而且在很大程度上影响着政权的兴衰。

（一）朱温义子与后梁政权

朱温出生于宋州砀山（今安徽砀山）一个乡儒家庭。他幼年丧父，家中贫困，但雄勇自负。25 岁时，他参加黄巢起义，但不久背叛黄巢转而投靠唐朝河中节度使王重荣，立下一些战功，被唐僖宗任命为汴州刺史、宣武军节度使。毛泽东曾这样评价朱温：“朱温处四战之地与曹操略同，而狡猾过之。”朱温的狡猾，不仅在于善于在各种政治势力之间巧妙周旋，还在于本来自己就有 7 个亲生儿子，但又收养了 5 个能征善战的义子，即朱友文、朱友谦、朱友恭、朱友让、朱汉宾。

这些义子，为朱温成为唐末最强割据势力，并最终灭唐建梁，立下了大功，其中首推朱友恭。朱友恭原姓李名彦威，对朱温忠心耿耿，在助其扩大势力的过程中屡立战功。朱温为了扫除称帝的障碍，密派朱友恭弑杀了唐昭宗，然后立其儿子李柷为皇帝，为日后逼其禅位、自当皇帝铺平了道路。但朱温为了推卸弑君之责，让朱友恭顶罪而死。

朱温自公元 907 年当上皇帝后，考虑到自己年近花甲，便开始安排继任者。出乎所有人意料的是，他没有看中自己的亲生儿子，却看中了义子朱友文。在朱温看来，无论是打垮唐朝的最后一战“凤翔之战”，还是打败劲敌李克用的“潞州之战”，朱友文都展现了大将风范和卓越的指挥才能，将帝位传给他，有利于梁王朝一代一代传下去。可惜的是，朱温这个安排引起了亲生儿子朱友珪的强烈不满，于是他杀死了自己的父亲，并伪造诏书赐死了朱友文，自己篡位当了皇帝。不过因难孚众望，朱友珪不到一年即因宫廷政变被杀死。

（二）李克用“义儿军”与后唐政权

当朱温在中原地区快速崛起的时候，唯一能与之抗衡的就是沙陀（西突厥的一部）军事首领李克用。李克用的父亲朱邪赤心因勤王有功，被唐朝赐予李姓，并逐渐在代州（今山西忻州代县）以北地区发展起自身的势力。及至李克用经营代北地区时，除了他的 8 个亲生儿子外，他更倚重的是义子。据说他有 13 个义子，组成了“义儿军”。因为他们个个武功非凡，又被称为十三太保，有力支撑了李克用的代北割据政权。其中排行第十三的太保李存孝，本名安敬思，是当时最骁勇善战的武将之一。史书评价他："骁勇冠绝，常将骑为先锋，未尝挫败。"民间更有这样的说法："王不过霸，将不过李。""霸"，指西楚霸王项羽；"李"，指的就是李存孝。

李克用死后，其子李存勖按照父亲的遗嘱，继续统领"义儿军"，经柏乡（今河北高邑）之战全歼后梁精锐主力，继而攻陷幽州（今北京），完全控制了河北地区。公元 923 年，李存勖称帝，国号为唐，史称"后唐"。同年底灭后梁，迁都洛阳，公元 925 年，又攻灭前蜀。李存勖称帝后，认为中原已定，开始享乐，3 年后在兵变中被杀。因李克用养子李嗣源战功显赫、宽厚仁慈，在后唐军中威望极高，于是被拥戴为皇帝，是为后唐明宗。李嗣源即位后，改革弊政，杀宦官，诛酷吏，严惩贪腐，整肃吏治；废苛法，均田税，使饱受战乱之苦的中原民众获得一定程度的休养生息。同时，他本人崇尚节俭，力戒奢华。司马光在《资治通鉴》中对李嗣源给予很高评价："在位年谷屡丰，兵革罕用，校于五代，粗为小康。"李嗣源病故后，其三子李从厚登基，但因猜忌握有重兵的父亲养子李从珂，迫使李从珂起兵造反。李从珂杀死李从厚后自己称帝。

（三）耶律德光义子与后晋政权

李从珂即位后，重复了李从厚的错误。石敬瑭是后唐明宗李嗣源的女婿，此时任河东节度使，在太原拥兵自重。李从珂十分忌惮石敬瑭，决定调他到偏远的郓州任节度使，从而激起了石敬瑭的反叛。石敬瑭担心自己的力量不足以推翻李从珂，便向辽太宗耶律德光求援。

辽朝为契丹族所建。契丹族发源于中国东北地区。唐末，契丹首领耶律阿保机统一契丹及邻近部落，于公元 907 年称帝，公元 916 年建元神册，国号契丹。公元 926 年耶律阿保机病死后，其次子耶律德光即位，是为辽太宗。公元 938 年（一说 947 年）辽太宗改国号为辽，史称“辽朝”。

石敬瑭给耶律德光开出的条件令人咂舌：一是认耶律德光为父，二是事成之后割让燕云十六州，三是每年进贡绢帛 30 万匹。耶律德光大喜过望，便派兵南下，帮助义子石敬瑭灭了后唐。石敬瑭做了皇帝，国号为晋，史称“后晋”。

“燕云十六州”包括幽（今北京）、蓟（今天津蓟州）、瀛（今河北河间）、涿（今河北涿州）、莫（今河北任丘）、檀（今北京密云）、顺（今北京顺义）、新（今河北涿鹿）、妫（今河北怀来）、儒（今北京延庆）、武（今河北宣化）、蔚（今河北蔚县）、云（今山西大同）、应（今山西应县）、寰（今山西朔州）、朔（今山西朔州），面积约 12 万平方公里。历史上，这个地区不仅是中原农耕文明与草原游牧文明的自然分界线，也是中原政权抵御北方游牧民族攻击的军事分界线。石敬瑭割让燕云十六州后，中原地区失去了防御北方游牧民族的天然屏障，华北平原门户洞开。而辽朝获得了这片土地后实力大增，在中原政权面前取得了攻防自如的有利战略地位。这种格局历经辽、金、元三朝都没有改变。

石敬瑭比耶律德光年长 10 岁，却甘当义子，并且冒天下之大不韪割让燕云十六州，不仅为后世所不耻，即使其同时代的“佐命大臣”刘知远也颇有微词：“称臣可矣，以父事之太过。厚以金帛赂之，自足致其兵，不必许以土田，恐异日大为中国之患，悔之无及。”

（四）郭威养子与后周政权

石敬瑭死后，后晋反辽势力抬头，导致双方关系恶化。耶律德光先后三次兴兵南进，最后攻陷开封，灭了后晋。但因遭到中原民众的反抗，无法长久立足，只好北撤。太原留守刘知远趁机占领洛阳，建立了后汉政权。后汉政权只维持了 3 年，就被大将郭威攻灭。郭威称帝后，改国号为周，史称“后周”。郭威在位期间，对前朝弊政进行了一系列改革，政治、经济形势趋于好转，社会逐渐走向稳定。

公元 954 年，郭威驾崩，其内侄和养子柴荣即位。柴荣是五代十国时期少有的有抱负、有作为的皇帝。他即位之初就立下宏愿：“寡人尝以十年开拓天下，十年养百姓，十年致太平足矣。”尽管天妒英才，他只做了 5 年皇帝，却励精图治，使后周政治清明，经济迅速恢复，国力不断增强，百姓安居乐业。在此基础上，他积极开疆拓土，推进统一，先后通过征伐后蜀、南唐及辽朝，夺取了 20 个州。

五代十国时期，收养义子不仅在北方蔚然成风，在南方也十分普遍。前蜀开国皇帝王建，是宦官田令孜的义子，王建自己也收养了 100 多个义子，其中比较知名的就有 40 多人。荆南（南平）开国皇帝高季兴，是朱温义子朱友让的义子。南唐开国皇帝李昪（后改名徐知诰），先是被吴太祖杨行密收养为义子，继而又被杨行密的部将徐温收养为义子。北汉的第三位皇帝刘继恩是第二位皇帝刘钧的外甥和养子，末代皇帝刘继元同样是刘钧的外甥和养子。

血缘关系是人类社会的基本关系。利用血缘关系，联络感情、笼络人心、延揽人才、壮大力量，是中国古代统战智慧的重要体现。如果说五代十国之前，主要方式是通婚和亲、政治联姻的话，那么五代十国的乱世则催生了收养义子等方式。这些方式虽然有效，但效果有限，因为即便是亲生父子，在利害关系面前也会反目成仇，更何况非亲生父子？这也是五代十国后收养义子之风日衰的重要原因。

二、北宋政权建立、巩固中的凝心聚力

公元 960 年，后周禁军最高统帅赵匡胤发动陈桥兵变，后周世宗柴荣之子、年仅 7 岁的后周恭帝柴宗训禅位，赵匡胤自己当了皇帝。因为赵匡胤此前担任过归德军节度使，归德（又称宋州，今河南商丘）在春秋时期是宋国国土，所以定国号为“宋”，以开封为首都，史称北宋，开国皇帝赵匡胤便是宋太祖。宋太祖赵匡胤和继任者宋太宗赵匡义、宋真宗赵恒，先后攻灭了南方割据政权和北汉政权，结束了五代十国分裂的局面，完成了全国大部分地区的统一，并且在与北方辽朝的对峙中，争取了上百年的和平局面。分析北宋政权建立、巩固的历史，依然会发现统一战线功不可没。

（一）凝聚人心，夺取政权

赵匡胤出生于官宦之家，青年时期应募成了郭威军中的一名士兵。郭威称帝建立后周政权后，赵匡胤结识了郭威义子、开封府尹柴荣。柴荣即位后，在与北汉的高平大战中，赵匡胤战功卓著，被提拔为殿前都虞侯，领严州（今广西来宾）刺史，一跃成为禁军的高级将领。高平大战后，柴荣指派赵匡胤

赵匡胤（公元 927—976）像

整顿禁军，将天下勇武之士招募到京城，再从中严格选拔，组成一支新军，称作“殿前诸班”，成为皇帝直接掌控的最精锐的禁军部队。这次经历对赵匡胤后来“黄袍加身”具有决定性意义，因为这使他有机会在这支新军中培植自己的势力，许多禁军将士成为他的追随者。柴荣病重临死前，又任命赵匡胤担任殿前都点检，成为禁军的最高统帅。公元 959 年柴荣逝世以及随后出现的“主少国疑”形势，为赵匡胤发动兵变、夺取帝位提供了千载难逢的机会。但赵匡胤颇具统一战线智慧，不仅懂得军队的重要性，更深知凝聚人心的重要性，故而在夺取政权的过程中，采取了一系列做法，保证了政权的和平交接。

首先是聚拢军心。赵匡胤在负责殿前诸班组建工作时，就利用手中的选拔权力，积累了广泛人脉，在军中具有了良好的“群众”基础。加上他为人大度仗义，遇事能为部下考虑，因而深得军心。特别是当他担任殿前都点检后，成为殿前军中无可争议的统帅，因而当他策划陈桥兵变时，军中将士一致拥戴他黄袍加身，也就不难理解了。

其次是安抚吏心。陈桥兵变当天，当赵匡胤手下将士都拥戴他称帝，并将事先准备好的黄袍披在他身上时，赵匡胤却这样说："你们自己贪图富贵，强行立我为皇帝，既然如此，你们就得听我的命令，否则这个皇帝我就不当。"众将士均表示愿意服从命令。于是，赵匡胤严肃宣布：从陈桥回开封后，对后周的小皇帝和太后不得惊犯，对后周的公卿大臣也不得侵凌，严禁劫掠府库财物，服从命令者重赏，违反命令者诛灭满门。回到开封后，将士们都按赵匡胤的要求去做了，各归兵营。不仅如此，赵匡胤在小皇帝禅位后又封他为郑王，后周宗室也都受到优厚待遇，前朝大臣继续留用，从而得到群臣的拥护。

最后是争取民心。赵匡胤在陈桥对将士们说的没错，五代时期将士们之所以热衷于拥立天子，无外乎贪图富贵荣赏。正如清代史学家赵翼评论所说："拥立天子，则将校皆得超迁，军士又得赏赐剽掠。"因此，几乎每次兵变都伴随着抢掠，给百姓特别是京城士民造成巨大灾难。而这次陈桥兵变，因为赵匡胤严明纪律，约束部下，所以没有出现以往兵变时常有的大劫掠、大破坏，而使他受到广大民众的拥戴。

（二）抑武重文，巩固政权

五代时期的 53 年内，中原地区更换了五个朝代，前后八姓十三位皇帝。在这些短命王朝中，除后梁是被太原李氏军事集团推翻、后晋是被辽朝颠覆外，其余都是被内部军人发动兵变篡权的，包括宋太祖自己亦如此上台。为了改变这种军人篡位之风，避免北宋成为又一个短命王朝，宋太祖将抑武重文确定为基本国策，并采取了一系列重大措施。

首先是用"和平收买"的方式解除功臣大将的兵权。宋太祖称帝后，设宴款待禁军高级将领。酒过三巡，宋太祖愁眉不展地说道："我若不是靠你们出力，到不了这个位置。但做皇帝太难了，实在不如做节度使快活，我现在是整夜不敢安枕睡觉啊！”众将领忙问其故，宋太祖说：“这很清楚，谁不想做皇帝呢？”众将领惊恐万分，纷纷表忠心：“陛下何出此言？如今天命已定，谁还敢有异心？”宋太祖说：“你们虽无异心，可是如果你们的部下贪图富贵，一旦以黄袍加你之身，你虽然不想做皇帝，能办到吗？”众将领听罢，吓得离席叩头，请求皇帝指示一条“可生之途”。宋太祖这才表明了自己的真实意思：“人生如白驹过隙，求富贵者，不过想多积金钱，厚自娱乐，使子孙免遭贫乏而已。你们何不解除兵权，出守地方，多买良田美室，为子孙置下永久的产业，同时多买些歌儿舞女，日夜饮酒相欢，以终天年。朕再与你们结为婚姻之家，君臣之间，两无猜疑，上下相安，这不很好吗？”众将领明白了皇帝的意图，一齐拜谢道：“陛下关怀臣等，真可谓生死而肉骨啊！”次日，这些将领都称病辞职，宋太祖大喜。这就是史上所说的“杯酒释兵权”。接下来，宋太祖又对禁军的组织和人事进行了多项调整，显著降低了禁军将领的地位和声望，并形成了殿前司、侍卫亲军马军司、侍卫亲军步军司“三衙”鼎足而立、彼此牵制的局面。

其次是采取“强干弱枝”的方式削除藩镇势力，强化中央集权。在政治方面，取消以往节度使手下将领兼任所辖其他州（称支郡）行政长官，以及节度使可自行任命州长官吏的制度，支郡收归中央直接管辖，中央派遣文官出任知州、知县等职，直接对中央负责。在财政方面，改变以往藩镇控制所辖地区财政大权的制度，由中央派文官参与地方财政管理，并规定每年所得税收除留下少量应付日常开销外，其余一律上缴朝廷。在军事方面，规定地方长官将本部兵员中骁勇之士统统送到京城，编入中央禁军，这样“诸镇皆自知兵力精锐非京师之敌，莫敢有异心者”。在司法方面，改变以往节度使擅自任命部下将领担任地方司法机构长官，独揽司法大权的制度，由中央派文官担任各州管理司法的官员，并规定各州的死刑案件均需上报朝廷，由刑部复查审核。宋朝通过对地方藩镇行政权、财政权、兵权、司法权的全面削夺，从根本上结束了唐末五代以来藩镇割据称雄的混乱局面，彻底改变了外重内轻的格局，为宋王朝的长治久安奠定了坚实的基础。

再次是改革军事和官僚体制，重新确立一切权力集中于皇帝的君主专制政体。在军事制度方面，规定殿前司、侍卫亲军马军司、侍卫亲军步军司只负责禁军的训练管理等事项，无调兵、发兵权力，使统兵权和调兵权分离开来，有效杜绝了将领发动兵变的可能性。将 22 万禁军，一半部署在京师，另一半分散到外地驻扎，既使京师驻军足以制止外地发生的叛乱，也使外地驻军合并起来制止京师可能发生的叛乱。推行“更戍法”，使禁军驻地经常变动，军队将领也经常更换，造成“兵不识将，将不识兵”“兵无常帅，帅无常师”的局面，防止将帅与士兵之间形成牢固的依附关系。实行募兵制，将兵与民分离开来，既防止了荒年兵民结伙造反，又使得任何可能发生的兵变失去民众的支持。在官僚体制方面，形成以中书门下掌握行政、枢密院掌握军政、三司掌握财政的格局，由此分散了宰相的事权，避免个人权力过度膨胀，形成宰执群体内部的相互制衡。

最后是广泛起用文人治国。唐末五代时期武人专权乱政、文人备受排挤。后汉时一个名叫史弘肇的将领这样说：“安朝廷，定祸乱，直须长枪大剑，至如毛锥子，焉足用哉!”宋太祖为了改变这种状况，提拔了大批文臣官僚，将他们安排到重要岗位，并多次提倡宰相要用读书人。特别是对科举制度进行了完善，以提高科举取士的公正性，增强士人应举的积极性，逐步扭转了五代时期不重学问、读书人不愿入仕为官的局面，增强了宋王朝的向心力和凝聚力。

（三）澶渊之盟，稳定掌权

从公元 960 年宋朝建立，到公元 1125 年辽朝为金所灭，宋与辽之间的对峙局面持续了 165 年。宋朝建国后，其全部精力均用于整顿内部和平定南方割据政权，对辽朝采取“来则备御，去则勿追”的原则，以求边境安宁，勿影响统一进程。公元 979 年，宋太宗在攻灭北汉的过程中，大败增援的辽军，因而增强了其收复燕云十六州的信心。于是，他在灭掉北汉后，随即向辽大举进攻，但在幽州高梁河（今北京西直门外）之战中惨遭败绩。公元 982 年，年少的耶律隆绪（辽圣宗）即位，由其母萧太后临朝执政。宋太祖认为“契丹主少，母后专政，宠幸用事”，正是收复燕云失地的好机会，于是再度兴兵，但又遭败绩。自此，宋军元气大伤，宋太宗本人也锐气尽失，不再谈收复燕云失地之事，从而转入守势。

辽朝则乘胜南犯，抢掠州县，掌握了战略上的主动权。公元 997 年，宋太宗赵匡义去世、宋真宗赵恒即位后，辽朝统治者看清了宋朝所处困境和软弱，因而决定加强攻势。公元 1004 年秋，辽军在辽圣宗和萧太后的指挥下，再次大举南犯，先后攻占了遂城、望都、冀州等城，并越过宋军坚守的众多州县，迅速深入宋朝腹地，于冬季逼近黄河北岸重镇澶州（今河南濮阳）。澶州又称澶渊，距宋朝京师开封仅百多公里。宋廷上下十分惊恐，出现了迁都逃跑和坚决抵抗两种意见。宋真宗采纳了宰相寇準等人主战的意见，决定北上亲征，随后到达澶州南城。辽军对澶州北城展开三面围攻，主帅萧挞凛被宋军强弩射中，当场死去，使辽军士气大挫。而宋真宗登上北城城楼，打起龙旗，宋朝官兵顿时士气大振。

至此，辽朝统治者意识到在澶州击败宋军已无可能，而且辽军是冒险深入，沿途州县大多为宋军所控制，随时可能被切断后路，故而在澶州相持的时间越久，对辽军越不利。于是，辽朝统治者决定同宋朝议和。宋真宗认为，虽然宋军在战场上略占优势，但以宋朝的国力，尚没有力量消灭辽朝，收复燕云十六州也困难重重，所以同意议和，并规定了只可给钱、不许割地的谈判底线。双方经过艰苦谈判，最终签订和约并相互交换盟书。这个盟约，史称“澶渊之盟”。其具体内容有五条：一是宋朝每年给辽朝绢 20 万匹和银 10 万两，以为“助军旅之费”；二是双方沿边州县各守境界，严格制止对对方边界的非法侵入；三是双方均不接受对方逃亡人员，对逃入对方境内的人员必须遣返；四是双方交界处的城池和边防设施可依旧保存修葺，但不得增修针对对方的军事设施；五是双方于边境设置榷场，开展互市贸易。同时，双方还就外交礼仪和彼此名分地位做了约定：双方约为“兄弟之国”，辽圣宗称宋真宗为兄，宋真宗称辽圣宗为弟；彼此以“南朝”和“北朝”称呼对方。这种虚构的亲属关系，实际体现了双方的平等地位。

澶渊之盟是宋辽双方力量相对均衡的条件下互相妥协的产物，也是双方统一战线智慧的成果：宋朝以有限的代价，获得了长期的和平；辽朝获得了稳定的收入，减轻了其南方边境的防卫负担。双方在此后 120 年的时间里，基本维持了和平交往的状态，史书这样记载：“生育蕃息，牛羊被野，戴白之人，不见干戈。”当然，澶渊之盟对宋朝也有消极影响，主要是在抑武重文的基本国策下，它使宋朝君臣从此忘战去兵，羞言武备，奢谈太平，并对外常屈己讲和，花钱买太平。后来，在与金朝议和时，甚至不惜丧失朝廷尊严。但实践证明，有时花钱买不来太平，屈尊只能带来更多的屈辱。这个教训是惨痛的。

三、皇帝与士大夫共治天下

宋朝开国皇帝宋太祖赵匡胤不仅将抑武重文定为基本国策，相传还曾在太庙立下誓碑，明令后继子孙当皇帝的，不得滥杀士大夫和言事之官，同时大力完善科举制度，使宋代士大夫群体快速发展壮大，政治和社会地位显著提升，形成了皇帝与士大夫共治天下的局面。宋朝也因此成为中国历史上士大夫政治的黄金时期，并对后世知识分子群体的成长产生了重大影响。

（一）士大夫群体的建树

士大夫群体在与皇帝共治天下的过程中，充分发挥主观能动性和聪明才智，极大地推动了宋代经济、文化、科技等各方面事业的发展，使宋朝成为当时世界上很有影响的国家之一，其中北宋首都东京开封（今河南开封）和南宋首都临安（今浙江杭州）更成为繁华的世界大都会。英国著名史学家汤因比曾发出这样的感慨：“如果让我选择，我愿意活在中国的宋朝。”

首先从经济方面看。宋朝建立后，为适应经济发展要求，改变了传统的重农抑商政策，确立了国家与商人共利分利的经济运行模式，并采取了一系列保护商业发展的具体措施，如提高商人的政治地位，严禁官吏对商人横征暴敛，限制官府垄断经营等，有效扩大了商品在全国的流通范围，推动了商品经济的发展。宋代首次实现了煤矿的规模开采和利用，促进了冶金、陶瓷、井盐、纺织等在内的手工业发展，并且行业内产生了带有近代色彩的雇佣关系、包买商（指向小手工业者贷款或供给原料、工具，支付一定酬金或工钱，然后收取成品转而向市场销售的商人）惯例，表明宋代手工业已经进入为近代工业发生准备条件、为新的生产方式提供历史前提的时期。随着商业和手工业的发展，城市人口规模迅速扩大，宋徽宗崇宁年间 10 万户以上的城市就有 50 多个（而盛唐最多时只有十几个），催生了市民阶层的形成，并成为一支新兴社会力量。商业和手工业的发展，还显著增加了朝廷的财政收入，唐代最高岁入总额为天宝八载（公元 749 年）的 5 230 多万，北宋天禧五年（公元 1021 年）的岁入总额达到约 1.5 亿，约为盛唐的 3 倍。宋代经济的迅速发展，使货币流通量剧增，因为金属货币笨重不便交易，于是出现了中国乃至世界上最早的纸币（交子）。由此可见，宋朝虽然是农业立国，

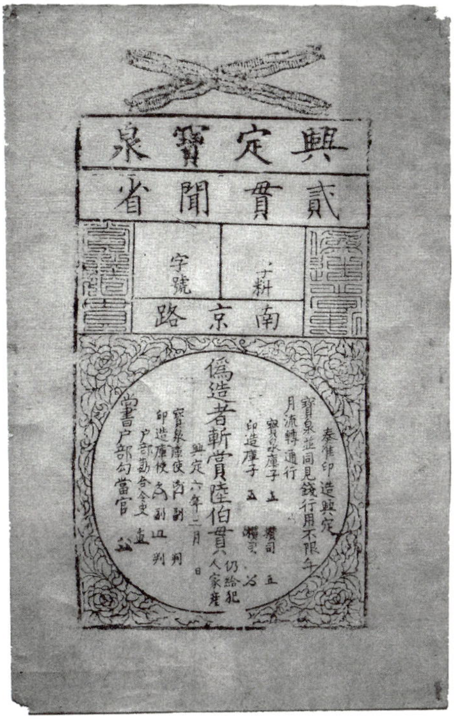

交子

但在高度发达的农业经济基础上，已经产生了城市、商业、手工业、纸币等工商业文明因子，出现了雇佣劳动、包买商惯例、商业信用、集资合伙等新生事物，因而国外经济学家常将宋代经济出现的巨大进步称为“宋代经济革命”。

其次从儒学方面看。自汉武帝独尊儒术，将儒学奉为政治统治理论后，汉代以来的儒学主要是注疏之学，致使儒学的生命力逐渐衰竭。到了北宋中期，随着岳麓书院等众多书院的兴办，百家争鸣氛围浓厚，传统的注疏之学遭到摒弃，形成了脱胎换骨的宋代新儒学。宋代新儒学的发展经历了义理之学和性理之学两个阶段，产生了两大理论成果，一是荆公新学的流行，二是程朱理学的确立。在义理之学阶段，士大夫们不再拘泥于章句训诂、名物考据，而以发挥圣人的“微言大义”为己任，同时注意吸收佛教、道教的思想精华，尤其注重明体达用、通经致用，以圣人之学指导治国实践。北宋政治家、思想家王安石，因获封荆国公，故其创立的儒学流派被称为荆公新学，主要著作是《三经新义》（包括《周官新义》《毛诗义》《尚书义》），主张形而上的道德论、人性论、修养论，成为他推动变法的理论依据，同时被官方确定为学校和科举教材，对当时思想界、学术界产生了重大影响。王安石变法失败后，士大夫们经世致用的热忱严重受挫，转而专注探讨心性道德的性理之学，并经北宋周敦颐、张载肇始，程颢、程颐奠基，到南宋朱熹集大成，形成了程朱理学。程朱理学是建立在客观唯心主义基础上的儒学理论体系，包括理气论、动静论、格物致知论、人性二元论等。南宋后期，程朱理学享有了官方主流思想的地位，并成为元明清居统治地位的意识形态，还对东南亚一些国家产生重要影响。

再次从文化方面看。宋代是中国传统文化繁荣昌盛的时代，在文化艺术的各个领域都取得了杰出的成就，对后世和东南亚部分国家产生了深远影响。宋代文学在中国文学史上具有特殊重要地位，处在从“雅文学”到“俗文学”的承前启后阶段。“雅文学”主要指社会中上层的士大夫文学，包括诗、词、散文等，“俗文学”主要指流传于民间下层的小说、戏曲。宋代文学的最高成就集中体现为宋词，它是中国汉语言文学的一朵奇葩。随着经济的发展和市民阶层的兴起，宋代的俗文学应运而生，依托城市娱乐中心而起的说唱和戏曲艺术空前繁荣，话本小说流传甚广，开启了元明清俗文学发展的先河。宋代很多文人倾心禅宗，喜欢说禅谈玄，借以深化思辨力和清虚感，并力求将禅机体现到书法的意境之中，从而形成了“宋人尚意”的书法理念和风格。宋代是中国绘画史上的全盛时期，中国传统绘画的所有门类都在这个时期奠基或完善，特别是与士大夫的精神追求相适应，出现了引领宋代画坛的文人画。所谓文人画，是指文人士大夫的画作，有别于民间画工和宫廷画院职业画家的绘画。宋代的士大夫们除了用策论、散文、诗词表达自己的政治主张和人生理想外，绘画也成为他们表达情感的新方式。

最后从科技方面看。英国学者李约瑟在其名著《中国科学技术史》中说，每当人们在中国的文献中查找一种具体的科技史料时，往往会发现它的焦点在宋代，不管是应用科学方面或纯粹科学方面都是如此。的确，宋代是中国科学技术史上的里程碑，仅从四大发明考察，除造纸术外，在印刷术、火药和指南针的发明和使用过程中，宋代都占有特殊的重要地位。东汉蔡伦发明了造纸术，唐代开始流行雕版印刷，北宋毕昇发明了胶泥活字印刷术，比德国人约翰内斯·古腾堡的铅活字印刷早了约400年。火药在唐代就出现了，并开始用于战争。到了宋代，持续不断的战争使火药武器得到迅速发展。成书于北宋时期的《武经总要》，记载了中国最早的一批军用火器，包括火球类和火箭类。到了南宋时期，出现了世界上最早的管形火器和可以发射“子窠”的突火枪。中国人发明的火药和火器传到阿拉伯，并经阿拉伯传到欧洲，欧洲人经过改进，逐渐发展出近代的枪炮。船舵的使用、水密隔仓结构、龙骨装置是中国古代造船技术的三大发明，前两项发明成熟于宋代，后一项发明产生于宋代，它们共同奠定了宋元时期中国造船、航海技术领先世界的基础。特别是指南针和罗盘的广泛应用，是宋代航海技术的突破性成就，对世界航海技术的发展产生了长远影响。

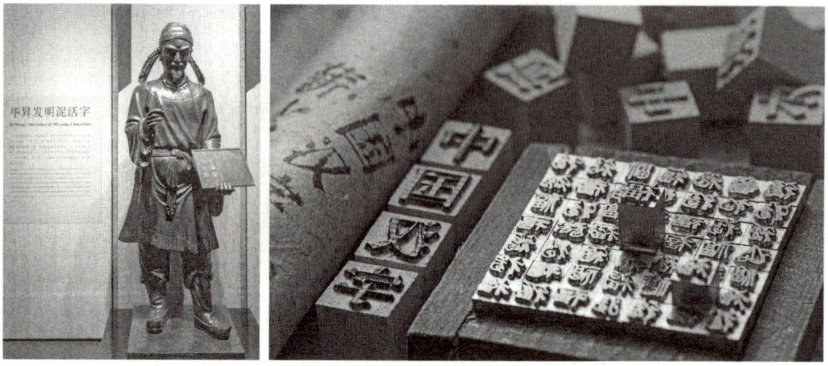

毕昇（？—约 1051）像和活字印刷术

（二）士大夫群体的精神

2023 年，浙江省博物馆推出了以“天下己任——宋代士大夫的精神世界”为主题的展览，通过 300 多件（组）文物，直观展示了宋代士大夫群体的精神世界，特别是他们身上体现出来的宝贵精神。而这正是宋代士大夫群体能够在与皇帝共治天下的过程中大有作为的关键所在，也是他们留给后世知识分子的精神财富。

首先是尽忠报国精神。“尽忠报国”一语最早出自南北朝时期北周大臣颜之仪，意思是竭尽忠诚，不惜牺牲一切报效国家。到了宋代，特别是北宋为金所灭，南宋偏安一隅时，尽忠报国成为许多爱国志士的行为准则，相传抗金英雄岳飞之母就在他的背上刺了这四个字以为激励；同时更成为许多士大夫生存状态的真实写照。正如明末清初思想家颜元所评价的“无事袖手谈心性，临危一死报君王”。文天祥、陆秀夫等，就是士大夫群体中尽忠报国的典范。文天祥是南宋状元，曾任右丞相兼枢密使，元军攻破首都临安时被俘，但拒绝投降，寻机逃脱并募兵继续抗元，不幸再次被俘后，作《过零丁洋》诗以明志，其中两句为：“人生自古谁无死，留取丹心照汗青。”元军将他关了3年多，反复劝降未果，最终于公元1283年将其杀害。其妻为文天祥收尸时，发现了他的绝笔《自赞》：“孔曰成仁，孟曰取义；惟其义尽，所以仁至。读圣贤书，所学何事？而今而后，庶几无愧!”南宋最后一任宰相陆秀夫，在元军追击下拟乘船突围，但无奈皇帝乘的船过于庞大，动弹不得，毅然背起幼帝赵昺跳进大海，以身殉国。蒙古族崛起后，铁骑横扫欧亚大陆，其中灭亡军事立国的西夏用了22年，灭亡同样军事立国的金国用了23年，灭亡文治立国的南宋却用了45年。这其中的原因有诸多方面，广大民众特别是士大夫群体所展现出来的尽忠报国精神，无疑是一个重要因素。清代学者赵翼曾对此有过精辟分析，宋代士大夫“及有事之秋，犹多慷慨报国。绍兴之支撑半壁，德祐之毕命疆场，历代以来，捐躯殉国者，惟宋末独多，虽无救于败亡，不可谓非养士之报也”。

其次是天下己任精神。宋代实行抑武重文的基本国策，自觉与士大夫共治天下，并给予他们丰厚的俸禄（宋代士大夫年收入明显高于唐代，更是高于明代5倍之多），极大地增强了士大夫群体以天下为己任的责任感、担当感和使命感，发自内心地道出了许多振聋发聩的豪言壮语，且在治国理政实践中努力践行，至今仍为国人所传颂和传承。北宋名臣范仲淹，年轻时就立下了“夫不能利泽生民，非大丈夫平生之志”的誓言，为官后写下了“先天下之忧而忧，后天下之乐而乐”的名言。无独有偶，南宋名臣杜范也说，“是以天下为天下，不以一己为天下”。同为南宋名臣的陆游，52岁时被免官，但并没有感到无官一身轻，反而更加为国担忧，为不能为国尽责焦虑，于是在一场大病初愈后写下了《病起书怀》一诗，其中“位卑未敢忘忧国”一句就表达了他的这种心境。甚至在他85岁临终前写下的《示儿》诗中，还抒发了对收回失地的牵挂：“死去元知万事空，但悲不见九州同。王师北定中原日，家祭无忘告乃翁。”北宋大儒张载，则全面概括了士大夫以天下为己任的具体内涵：“为天地立心，为生民立命，为往圣继绝学，为万世开太平。”意思是，要为社会建立正确的价值体系，为百姓奠定安身立命的根基，为往圣先哲接续思想传统和文化根脉，为千秋万代开创太平盛世的伟业。

最后是正直敢言精神。宋代以前特别是唐代，为了加强对官吏的监督和皇帝的规谏，专门设立台官和谏官分别履行这两项职责。到了宋代，进行了一项重大改革，就是将台谏合一，谏官也拥有对官吏的监察权，台官也拥有对皇帝的规谏权，官员名称为台谏。因为宋代开国皇帝宋太祖赵匡胤，将不得滥杀士大夫和言事之官定为祖宗家法，不仅有效保障了台谏官员监察权和规谏权的履行，而且促进了士大夫群体正直敢言传统的形成，催生了众多正直敢言的士大夫活跃在宋代政治舞台上。宋代司马光在《涑水记闻》中记述了这样一件事。有一天，宋太祖赵匡胤在后园里打麻雀，有位大臣说有急事求见宋太祖。宋太祖急忙召见他，得知他所奏报的不过寻常之事，故而大怒，责问那位大臣说有急事的原因。大臣回答："我认为这些事要比打麻雀重要。"宋太祖更加恼怒，用斧柄击打其口，打下两颗牙齿。大臣慢慢拾起牙齿，放进怀里。宋太祖骂道："你怀揣牙齿，想要控告我吗?"大臣回答："我不能控告陛下，不过会有史官如实写下这件事。"宋太祖听了，既恐惧，又从心里佩服，便赐予金、帛慰劳他。在正直敢言之士中，包拯无疑是杰出代表。包拯进士及第后，较长时间担任台谏官员，始终刚正不阿、忠实履职，"举刺不避乎权势，犯颜不畏乎逆鳞"，曾七次弹劾赃官王逵，四次弹劾皇亲郭承佑，六次弹劾国丈张尧佐，从而使"贵戚宦官为之敛手，闻者皆惮之"，甚至连皇帝对他也充满敬畏，被民众誉为"包青天"。宋代士大夫之所以正直敢言，甚至不惜犯颜逆鳞，北宋名臣苏轼解释为，"以犯颜纳说为忠"。就是说，士大夫敢于坚持原则、坚持真理，把自己认为正确的意见提出来，这才是真正对皇帝负责，对皇帝忠诚。况且，在宋代士大夫看来，他们所忠诚的对象不仅是皇帝个人，而是皇帝所代表的江山社稷和国家。

（三）士大夫群体的弱点

三国时期曹丕在《典论·论文》中说："文人相轻，自古而然。"曹丕或许没有想到，文人相轻，往后亦然。特别是到了宋代，随着士大夫群体规模的空前扩大，文人相轻的弱点更加突出，并且由不同个人之间发展为不同派别之间，成为引人注目的“朋党现象”，严重影响了士大夫群体的团结合作和更大作用的发挥，也极大影响了宋朝政治的走向。

首先是北方士人与南方士人之争。唐宋之际，南方经济、文化快速发展，造成了中国社会经济地理和文化地理的根本改观，给南北方政治力量对比带来了深刻影响，同时使得统治集团内部的矛盾表现出鲜明的南北分野的特点。五代以前，因为南方比较落后，基本上是南方接受北方的影响。五代以后，尤其是宋朝建立后，由于南方的发展，这种趋势出现了逆转，南方对北方的影响开始扩大，北方的传统优势地位日益弱化。这种变化，绝不可能被统治集团中的北方士人轻易接受，因而大多数北方士人对南方士人采取了敌视的态度，出现了严重的北方士人与南方士人之争。北宋名臣寇凖，是华州下邽（今陕西渭南）人，公开以北方士人自居，排斥南方士人。著名词人晏殊是抚州临川（今江西抚州）人，七岁以神童被荐。宋真宗赵恒召他与进士千余人一起考试，并赐他进士出身。寇凖因此大为不满，说晏殊是南方人，不该得到如此恩宠。这种态度，连宋真宗也认为不像话，批评说：“朝廷取士，惟才是求，四海一家，岂限遐迩?”他还举例说，唐朝时著名宰相张九龄不也是南方人吗?! 南方新喻（今江西新余）人萧显参加殿试，寇凖又站出来说：“南方下国人不宜冠多士。”结果，山东人蔡齐夺魁。为此，寇凖兴奋地对同僚说：“又与中原夺得一状元。”

其次是元老士人与新进士人之争。北宋中期宋仁宗赵祯即位后，士大夫群体中元老与新进之间的矛盾凸显。所谓“元老”，主要指前朝旧臣，他们虽然也是科举入仕，但普遍稳重有余而活力不足，注重经验而缺乏创新，练达而流于世故，主静而限于麻木，遵守成宪而失之因循，是士大夫群体中的守旧势力。所谓“新进”，主要指宋仁宗即位后科举入仕的青年才俊，包括韩琦、包拯、欧阳修等，他们具有强烈的使命感，政治上较少顾忌，敢于对现实发表批评意见，内忧外患严重时自然成为果敢的改革者，是士大夫群体中的改革势力。他们中的领袖人物范仲淹虽然是宋神宗时期的进士，但却是宋朝政坛上开风气之先的人物，因而也被归入新进之列。

明道二年（公元 1033 年），宋仁宗在元老派、宰相吕夷简的支持下，废了皇后郭氏。担任谏官之职的范仲淹等人认为，废黜皇后历来是昏君所为，宋仁宗此举无异于自毁圣明，便率领台谏官一起伏阁进谏。老谋深算的吕夷简让他们第二天上殿时直接向皇帝进言，自己却上奏宋仁宗说，谏官们伏阁请对，不是太平盛世应有之事，应将他们统统贬逐。次日清晨，没等范仲淹等人上朝，就接到宋仁宗圣旨，范仲淹等人均被贬为外官，并即刻押送出京赴任。这次事件，表面上是新进与元老之间发生的首次激烈冲突，实则是宋仁宗年间朋党之争的开端。由此，范仲淹与吕夷简也走上了公开对立的道路。

景祐二年（公元 1035 年），范仲淹被任命为礼部员外郎、天章阁待制。他重回京师供职后，向宋仁宗献上一幅《百官图》，详细标明在这份官员升迁图中，哪些是正常升迁，哪些包含了宰相的私意，进而建议宋仁宗将官员任命大权掌握在自己手中，不能全交给宰相。吕夷简得知此事后十分不悦，便在宋仁宗面前说范仲淹为人迂腐、务名无实。范仲淹立刻予以反击，写了一篇奏疏上达宋仁宗，其中多为针砭时弊和影射吕夷简的内容。吕夷简大怒，斥责范仲淹离间君臣、越职言事、引用朋党，于是范仲淹再次被贬任外官。

最后是新进士大夫内部之争。新进势力虽然再次受挫，可元老势力越来越不能令宋仁宗满意。随着内忧外患的日益严重，宋仁宗不得不痛下决心罢免了吕夷简等元老的职务，重新起用范仲淹、韩琦、富弼等新进势力，在庆历三年（公元 1043 年）启动了旨在整顿吏治的“庆历新政”。由于庆历新政触碰了官僚队伍中一些人的既得利益，加之元老派等守旧势力的反对，实施起来可谓困难重重，特别需要新进改革势力团结一心、共同推进。但遗憾的是，新进改革势力内部又起纷争，最终导致新政流产。

先是欧阳修与王拱辰之争。欧阳修不仅文章名知天下，而且遇事敢言，是范仲淹坚定的支持者。庆历新政开启后，宋仁宗调整谏官人选，欧阳修被任命为知谏院。上任伊始，欧阳修攻击最多的，竟然是同样以弹劾官员为主要职责的御史台。当时御史台的长官是王拱辰，他与欧阳修是同科进士，又是连襟，本应精诚合作，但因为二人都极端负责、互不服气，在新政期间成了死对头，致使台谏分裂。

接着是范仲淹与韩琦之争。范仲淹与韩琦都曾主政过西北防务，但在对策上有分歧，范仲淹主守，韩琦主攻。范仲淹调回京城后，继任者郑戬等人继续执行范仲淹修固城堡、稳健防守的策略，支持边将刘沪修建水洛城。韩琦及其支持者尹洙等人，则反对修建该城。范、韩二人都是新进士大夫的领袖，他们双方为此事互相对立，不仅严重削弱了改革派阵营的力量，而且加重了宋仁宗对朋党问题的忧虑。

在中国历史上，“朋党”从来就不是个好词。它最初指同类之人为了自私的目的而相互勾结，后来引申为官员各树党羽、互相倾轧。所以在宋仁宗心中，朋党现象绝对是不祥之兆。宋仁宗曾问范仲淹等人，自古以来都是小人结为朋党，君子也结党吗？范仲淹回答，君子、小人各有其党。如果结成朋党做好事，对国家有什么坏处呢？欧阳修支持范仲淹的观点，专门写了《朋党论》一文，试图为朋党正名，但却产生了相反的结果。因为在文章中，欧阳修明确地将官员分为君子与小人，凡赞成其观点的就是君子，反对的便是小人，并要求宋仁宗按此标准“近贤远不肖”。这无疑是在公开制造分裂和紧张氛围，不但使保守派对新政人士抱有更深的敌意，也使不少中间人士感到不安，产生动摇，给推行新政增加了更大更多的阻力。

北宋中期士大夫群体的内部之争，对政坛风气和社会风气都造成了负面影响，严重干扰了国家政务的正常运行和政治革新的顺利推进，成为宋代党派倾轧和恶斗的先声。之后宋神宗支持的王安石变法，之所以最后也以失败告终，很重要的一个原因，也是变法派阵营内部产生了矛盾和分裂。

综上，宋代士大夫群体的建树应当充分肯定，精神应当大力弘扬，弱点更应当引以为戒。统一战线智慧是团结合作的智慧，是减少阻力、增加助力、形成合力的智慧。士大夫是有知识和智慧的群体，本应注重传承中国先贤统一战线智慧，实现内部团结合作。但遗憾的是，中国士大夫群体自古以来形成的文人相轻的弱点，到了宋代则发展为了文人相斗的缺点，最终导致了士大夫群体的分裂、力量的耗散，严重影响了宋朝富国强兵的大局。这个教训是惨痛的，个中原因是值得深思的。

四、西夏的结盟生存发展之道

宋朝时期，在它的北方先后出现了辽、西夏、金、蒙元等少数民族政权，形成了群雄并立的局面。在这些政权中，由党项拓跋氏建立的西夏国实力是最弱的，但却享国 190 年，远超金国的 120 年、蒙元的 163 年、北宋的 167 年、南宋的 153 年，而只稍逊辽国的 219 年。探究西夏的生存发展之道，不难发现，结盟在其中发挥了决定性作用。

党项羌人是羌人的一个分支，原生活在今青海、甘肃南部和四川西北一带，过着游牧生活。唐朝时期，由于对周边民族采取招抚政策，党项羌人归附唐朝，并为躲避吐蕃的攻击，大规模内迁，形成了几个较大的部落，其中以拓跋部势力最为强大。唐朝末年，因该部落酋长拓跋思恭参与镇压黄巢起义有功，被唐王朝封为定难军节度使，爵号为夏国公，并赐姓李，从而成为据有夏州（今陕西靖边）的割据势力。五代时期，夏州党项虽然臣服于中原，但仍然是一个独立的地方政权。

北宋建立后，夏州党项首领李继捧奉旨入京，主动将夏州节度使所辖银、夏、绥、宥、静五州之地献出，并留居京师。李继迁是李继捧的族弟，强烈反对李继捧献地归宋，来到党项羌人聚居的地斤泽（今内蒙古鄂托克旗），集结党项羌人部众，以复土抗宋相号召，很快拉起了一支队伍。但在接下来与宋军的交战中胜少败多，这使李继迁意识到仅靠自己的力量是无法收回五州之地的，于是他开始谋求与辽结盟。公元 986 年，李继迁派亲信张浦出使辽国，请求归附。正与宋交兵的辽国，为了壮大力量，同意其归附，授李继迁为定难军节度使，都督夏州诸军。不久，李继迁向辽请婚，辽以义成公主赐婚。这样，李继迁与辽建立了联盟。在辽的支持下，李继迁加强了对宋的攻势，取得了多场胜利。宋真宗继位前后，李继迁派遣使节出使宋朝，一方面表示愿意成为宋朝的藩属，一方面又表达了收回夏州的决心。宋朝为了换取其臣服和边境安宁，特授李继迁为夏州刺史，定难军节度使，并赐名赵保吉，这样，丢失了十几年的党项羌人故土又回到党项羌人手中。

夺回夏州之后，李继迁开疆拓土的野心并没有得到满足。因此，尽管他接受诏命臣服宋朝，却仍不断挑起战事。他率军攻占了灵州（今宁夏灵武），并在此建都，改灵州为西平府。辽宋签订澶渊之盟后，双方实现了罢兵。李继迁的儿子李德明，为了使东部边境安定，解除东顾之忧，专心完成“西掠吐蕃健马，北收回鹘锐兵”的战略构想，接受了父亲临终前提出的“依辽和宋”策略。公元1005年，李德明遣使至辽朝，献上其父亲的遗物，进一步表达臣服之意，辽朝先后封李德明为西平王、大夏国王。公元1006年，李德明向宋朝进贡，请求和好。宋真宗基于巩固内部统治的想法，接受了他的求和，双方正式签订了和约。在顺利实施“依辽和宋”策略后，夏军先后占领了回鹘人居住的甘州（今甘肃张掖）和吐蕃人居住的凉州（今甘肃武威），随后将都城迁至夏州怀远镇，改为兴州（今宁夏银川）。1038年，李德明的儿子李元昊（1032年改唐、宋所赐姓为嵬名氏，自称“兀卒”）举行登基加冕仪式，正式宣告建立大夏国。宋、辽、夏三国鼎立局面形成。

西夏建国后，李元昊上表宋朝要求承认他的皇帝称号。宋朝当然不愿意承认他的帝位，下令削夺赐姓和官爵，停止与西夏的互市，还在宋夏边境张贴榜文，悬赏重金捉拿

参照华夏文字创立的西夏文

李元昊，双方关系骤然紧张，并多次爆发战争，其中多以西夏胜利告终。但夏宋战争使夏财力匮乏，阶级矛盾和社会矛盾激化，特别是边境互市的关闭使得夏境内生活纺织品奇缺。与此同时，辽则利用宋夏对立，向宋讨价还价，从中得利，甚至不惜牺牲西夏利益从宋朝谋取实惠，这引起了李元昊的不满，导致夏辽联盟开始破裂。感到处境孤立的李元昊，为了避免两面受敌，再次向宋朝求和。公元 1044 年，双方达成协议，因这年是宋朝庆历四年，故史称“庆历和盟”。按照协议，宋朝承认西夏的实际地位，而李元昊以“夏国主”向宋称臣；宋每年赐给西夏绢 13 万匹、银 5 万两、茶叶 2 万斤，另有其他岁时赏赐；重开双方边境榷场贸易。此后，李元昊在他的夏国行使君权，与皇帝无异。夏、宋和盟的签订导致夏、辽联盟瓦解，辽朝出兵伐夏，结果被夏所败。难能可贵的是，李元昊在获胜后保持了清醒的头脑，深知自己的经济、军事实力远不及宋、辽，不可能将它们攻灭，所以正如多次败宋而后向其求和一样，这次败辽后他也及时遣使同辽讲和。他在对宋、辽关系的处理上，善于把握时机，进退有度，从而为西夏的长远生存发展创造了良好的外部环境。

李元昊之后的西夏统治者，继续奉行他的灵活统一战线策略，或结盟，或求和，纵横捭阖，左右逢源，从而使自己获得了巨大的利益，不仅在夹缝中生存了下来，还有了新的发展。北方女真族建立金国，南下进攻辽国。西夏见辽国灭亡已成定局，立刻上表归附金国。西夏借金南下攻宋之机，攻占了金国许诺给西夏的天德、云内等宋朝边境州城。后西夏又通过置换、购买等方式，从金朝手上获得了大片土地，从而使自己的领域空前扩大，包括了今宁夏、甘肃西北部、陕西北部、内蒙古一部分地区、青海东北部等地区，总面积达 70 多万平方公里。同时由于对外归附辽、宋、金，减少了战争消耗和人员伤亡，人民得以安居乐业，经济文化得以发展，实力显著增强。

蒙古汗国建立后，西夏坚持以往的做法，因势利导，顺势而为，时而联金抗蒙，时而联蒙抗金，时而又联宋抗金，小心维持着与各方之间的平衡关系。公元 1225 年，西夏希望联金抗蒙，并收留了成吉思汗的仇敌乃蛮部屈出律的儿子，从而激怒了成吉思汗。次年，成吉思汗亲率大军攻夏。公元 1227 年，西夏末帝李晛献城投降。为了防止生变，蒙古军队遵照成吉思汗的遗嘱，将李晛等杀死，西夏灭亡。

西夏的生存发展之道，丰富发展了中国古代的统战智慧，就是作为实力相对较弱的一方，要善于通过结盟或求和等多种方式，特别是以胜求和的方式，为自己的生存发展赢得有利时机，创造良好环境。当然，西夏的左右逢源必然导致其左右摇摆，难以结成可靠的联盟，这也是其灭亡的重要原因。

五、西藏地方有效管辖和治理问题的和平解决

蒙古高原的众多蒙古部落原为金朝的臣属，随着金朝的衰落，蒙古部落开始强大起来，逐渐脱离金朝的统治。1206 年，蒙古诸部领袖铁木真被推为大汗，称“成吉思汗”，蒙古汗国成立。蒙古汗国先后征服了几十个国家、地区和上百个民族，

其全盛时期的统治疆域，包括了从西伯利亚冰雪覆盖的冻土地带到南亚印度的酷热平原，从大兴安岭松嫩草原到俄罗斯草原，东至朝鲜半岛西至巴尔干半岛，总计 3 300 多万平方公里，相当于整个非洲大陆的面积，占了地球陆地面积的 22%。引人注目的是，这些国家、地区和民族，绝大多数是通过武力方式征服的，但西藏地方是个例外，蒙元通过和平方式实现了对其的有效管辖和治理。而这种和平方式得以实现的关键，在于蒙藏双方的关键人物阔端与萨迦班智达、忽必烈与八思巴，能够审时度势、务实合作，展现了卓越的统一战线智慧。

（一）阔端与萨迦班智达的合作：和平解决了西藏地方的有效管辖问题

公元 1229 年，窝阔台继成吉思汗，成为蒙古汗国第二代大汗。他把刚刚占领的西夏故地封给自己的儿子阔端，并指派阔端负责经营西藏。

此时的西藏，在松赞干布创建的吐蕃地方政权瓦解后，陷于分裂割据状态。佛教在青藏高原兴盛起来，发展为独具特色的藏传佛教，并形成了众多教派，这些教派大多以始创寺院为中心，逐步向四周扩大影响，形成一些较为松散的政教合一集团，统治着所在地区，萨迦派就是其中最有影响力的一支。萨迦派的创始人贡却杰波，是吐蕃地方政权的贵族后裔，于公元 1073 年创建萨迦寺，萨迦派即由此发展而来。阔端开始谋划经营西藏时，萨迦派正处在萨迦班智达的领导下。萨迦班智达是贡却杰波的曾孙，本名贡噶坚赞，因曾到印度学习佛法及其他知识，通晓“大小五明”（古印度的五门学科）之学，被尊称“班智达”（意为学问渊博的大学者）。

阔端意识到，西藏地域辽阔，自然环境恶劣，蒙古军队数量有限，很难在当地长期驻守。特别是西藏民众笃信佛教，要想很好地经营西藏，“以佛治地”远比武力征服更为有效。因此，他于公元1239年，派部下多达那波率军取道青海，进入西藏，了解物色合适的合作人选。在留驻西藏的两年多时间里，多达那波平定了少数武装僧人的反抗，与当地僧俗势力进行了广泛深入的接触和交流，全面了解了西藏宗教、经济等方面的情况，写出了一份翔实的调研报告《请示迎谁为宜的祥禀》。阔端看了这份报告后，经过认真比较、反复权衡，最终选定了萨迦班智达，原因有二：一是萨迦派在西藏影响巨大，萨迦班智达本人佛教造诣深厚、学识十分渊博，在西藏有着举足轻重的地位；二是萨迦派并无“活佛转世”的传统，其继承人都是法定不变的萨迦本族人。质言之，邀请萨迦班智达作西藏集政教大权于一身的佛教领袖，有利于实现对西藏地方的长期有效管辖。

公元1244年，阔端再次委派多达那波带着邀请诏书和丰厚礼品，不远万里来到萨迦寺，迎接萨迦班智达到阔端驻地凉州（今甘肃武威）商讨西藏地方管辖问题。以萨迦班智达为代表的西藏上层人士清楚地知道，强大的蒙古军队所向无敌，长期分裂割据的西藏地方，根本没有实力对抗蒙古铁骑，自觉接受管辖符合西藏各阶层民众的利益。于是，萨迦班智达不顾年过花甲，毅然带着两个侄子八思巴和恰那多吉，奔赴凉州。在途经拉萨时，萨迦班智达广泛接触僧俗各界人士，充分协商接受蒙古管辖事宜，在主要条件上达成了一致。

公元 1247 年，阔端作为蒙古汗廷代表，萨迦班智达作为西藏地方代表，进行了一系列友好会商，就关键性问题达成共识，史称凉州会盟。会谈结束后，萨迦班智达向西藏各派首领及亲友弟子发出许多信件，其中最著名的就是《具吉祥萨迦班智达致乌思藏纳里速各地善知识大德及诸施主书》。在信中，萨迦班智达详细开列了与阔端商定的接受管辖条件，内容涉及两者的隶属关系及户口登记、赋税征收、官吏任命、贡品缴纳等。在收到萨迦班智达的信后，西藏僧俗纷纷予以积极响应，这标志着中央政府实现了对西藏地方的有效管辖。西藏地方有效管辖问题的和平解决，避免了战争所造成的惨重伤亡和破坏，有利于西藏局势稳定和人民安居乐业，并使蒙藏两族人民和平相处、友好往来成为相互关系的主流。

（二）忽必烈与八思巴的合作：实现对西藏地方的有效治理

公元 1251 年，阔端和萨迦班智达病逝，成吉思汗之孙、忽必烈之兄蒙哥继大汗位。

萨迦班智达故去后，16 岁的八思巴继承伯父衣钵，成为萨迦派新的领袖。八思巴本名罗追坚赞，八思巴藏语的意思是圣者。据《萨迦世系史》载，八思巴 3 岁多的时候，口诵莲花修法，众人惊异，称“他果真是一位圣者！”。从此，人们都尊称其为八思巴，本名罗追坚赞倒鲜有人提及了。蒙哥继位后，忽必烈受命总领漠南汉地军国事务。公元 1253 年，他率军抵达六盘山一带，准备南下穿过西藏，进攻大理，完成对南宋的战略包围时，听说八思巴的声望，专门请其前来晤谈。八思巴虽然年纪轻，但他沉稳的性格与广博的学识，给忽必烈留下了极好的印象，于是把他留了下来，礼为上师。次年，从大理凯旋的忽必烈与八思巴再次会面，并颁给八思巴一道令旨，正式向世人宣告二人结成施主与上师的关系。忽必烈与八思巴合作关系的确立，对元朝实现对西藏地方的有效治理，产生了重大而深远影响。

八思巴（公元 1235—1280）铜鎏金像

公元 1260 年，忽必烈即汗位，并于 1271 年定国号为元，立即着手建立健全西藏地方治理机构和制度。公元 1264 年，正式设立总制院，作为全国佛教最高领导机构，也是管理西藏地方的行政机构。因为唐代皇帝曾于宣政殿接见吐蕃来朝使者，公元 1288 年，元朝又将总制院更名为宣政院，更加突出该机构管理西藏地方的职能。宣政院品级为从一品，与元代的中书省、御史台、枢密院三大机构并立，用人自成体系。长官宣政院使有多人，其中为首的宣政院使由中央政府直接任命。作为管理西藏地方的最高行政机构，宣政院不仅管理当地僧众，也总揽当地军民钱谷等事务。当西藏发生变故时，元朝常派官员在当地设宣政院加以整顿，事毕后撤销。

忽必烈即位后，将八思巴奉为国师，数年后又将八思巴晋升为帝师，颁赐玉印，统领全国佛教。随着藏传佛教影响的扩大和元朝对西藏地方统治的加强，国师和帝师的权限已不再局限于宗教领域，对西藏世俗方面的影响也越来越大。有鉴于此，元朝设立总制院后，忽必烈决定由八思巴兼领，并派他返回萨迦，重组西藏行政机构，作为总制院的直辖地区。为此，忽必烈专门颁给他一份诏书，要求西藏的僧众遵守教法，同时“不可违了上师的法旨”，从而明确了八思巴在西藏的崇高地位。

八思巴返回萨迦后，广泛联络各地僧俗首领，将西藏按蒙古行政体制重新编组为万户，初步确立了乌思藏十三万户体制。在十三万户体制基础上，八思巴建立了以萨迦派为核心的西藏地方政权，即通常史学家所说的萨迦政权。这个政权的首席行政长官叫本钦，后来也同时担任乌思藏宣慰司的宣慰使。宣慰使是宣政院以下管理藏族聚居区事务的由中央政府任命的高级官员，机构之名为宣慰使司，其兼摄军权者则称之宣慰使司都元帅府。当时元朝在藏族聚居区设置了三路宣慰使司都元帅府：其一即是乌思藏纳里速古鲁孙等三路宣慰使司都元帅府(简称乌思藏宣慰司)，包括乌思、藏、纳里速古鲁孙三部分，大体相当于今天西藏的拉萨、日喀则和阿里地区；其二为吐蕃等处宣慰使司都元帅府，辖今甘肃、青海藏区及小部分川藏地区；其三为吐蕃等路宣慰使司都元帅府，辖今川西州县及旧西康藏区。

元朝宣政院的设置和帝师制度的建立，使藏族聚居区都纳入统一的中央政权管理之下，元朝的国家主权在西藏得以牢固确立，中央政权管理西藏的政治、经济、军事等措施得以切实执行。这套治理制度和措施，为后来的明清两朝所传承，对维护国家统一发挥了重要作用。

第六章

明朝时期的统战智慧

明朝（公元1368—1644年）开国皇帝朱元璋，虽然是放牛娃出身，但深谙中国先贤统战智慧，通过广泛争取人心、凝聚力量，战胜了曾经打败天下无敌手的蒙古铁骑，推翻了元朝统治。朱元璋和明朝早期统治者，深刻汲取了元朝武威天下、四处树敌的教训，奉行睦邻友好国策，积极发展同亚非国家，特别是周边国家友好关系，为明朝政权的巩固和经济社会发展创造了有利的外部环境，也丰富了中国古代的统战智慧，使国际统一战线的地位作用日益凸显。

一、朱元璋奇在哪里

1914年，一位叫严修的学者来到北京中南海紫光阁，参观了历代帝王画像。他感慨道，历代帝王画像“以唐太宗为最伟，以明太祖为最奇”。严修所谓的明太祖，即明朝开国皇帝朱元璋。严修所指朱元璋“最奇”，除了他的相貌之外，其实人们更愿意理解为他的传奇人生。朱元璋出生于元朝末年濠州钟离（今安徽凤阳）一个贫苦农民家庭，小时候给地主放过牛，17岁那年父母、兄长先后离他而去，生活无着的他只好出家为僧，又因寺庙也缺粮，不得不四处化缘。就是这个放牛娃出身的朱元璋，多年后率众推翻了不可一世的元朝，成了明朝的开国皇帝。分析出现朱元璋之奇的原因，统战是一个绕不

明太祖朱元璋（公元 1328—1398）像

开的话题。

曾几何时，蒙古铁骑横扫欧亚大陆，但最终却败在放牛娃出身的朱元璋手中，这首先是由于其内部，尤其是团结方面出了大问题。首先，是统治阶级内部不团结。元世祖忽必烈去世后，经元成宗铁穆耳 13 年的统治，元朝陷入了皇位继承危机，从大德十一年（公元 1307 年）到至顺三年（公元 1332 年）的 26 年中，元朝就走马灯似的换了 8 位皇帝。每更换一次，都伴随着皇室贵族的内讧和互相残杀，造成统治集团的四分五裂，严重削弱了统治力量。尤其是致和元年（公元 1328 年）爆发的大都（今北京）元武宗一系与上都（今内蒙古正蓝旗）泰定章一系的夺取帝位内战，几乎蔓延全国，动摇了元朝的统治根基。其次，是实行民族歧视和压迫政策。元朝统治者将居住在中国境内的各族人民划分为四等，第一等是蒙古人，第二等是色目人（包括中亚各族人、西夏人、维吾尔人等），第三等是汉人（指原金统治下的各族人，包括淮河以北的汉、女真、契丹、渤海等各族人），第四等是南人（指原南宋境内的各族人）。元朝统治者为了防范汉族人的反抗，规定汉人不得执寸铁。伯颜担任丞相时，甚至奏请全部杀掉张、王、刘、李、赵五姓汉人。无民族平等就无民族团结可言；无民族团结，元政权自然不会得到汉族和其他众多民族人民的支持，其统治当然也就不会长久。最后，是对人民横征暴敛。元世祖忽必烈以后的诸帝，多昏庸腐朽、骄奢淫逸，并且为了维持这种奢侈生活，扩大税额、滥发纸币。据元末著名学士叶子奇所著《草木子》揭露，即使一般官吏也是变着花样敛财，其中“所属始参曰拜见钱，无事白要曰撒花钱，逢节曰追节钱，生辰曰生日钱……”。正因为如此，元朝统治者失去了民心，大规模的农民起义不可避免地爆发了。

至正十一年（公元1351年），北方白莲教首领韩山童及其教友刘福通，以推翻元朝、恢复宋朝为号召，率先发动起义。因起义军头裹红巾，故称“红巾军”，又因其烧香聚众，又称“香军”。刘福通攻下亳州（今安徽亳州）后，立在起义中阵亡的韩山童之子韩林儿为小明王，定国号为“宋”。在红巾军的影响下，全国各地响应者众，起义军迅速发展到数十万人，其中，徐寿辉领导起义军攻占蕲水（今湖北浠水）后自立为帝，国号“天完”（陈友谅杀徐寿辉称帝，国号“汉”，旧部明玉珍在重庆称帝，国号“夏”）；泰州盐枭张士诚盘踞在淮河下游和苏浙一带；浙东土豪方国珍称雄于东南一隅；郭子兴领导的起义军占领了濠州。至正十二年（公元1352年），朱元璋投奔郭子兴，而后经过17年的奋斗，建立了明朝。朱元璋是如何做到的呢？1953年2月23日，毛泽东经过南京紫金山朱元璋陵墓时，同陈毅等人说，朱洪武（朱元璋的别名）是个放牛娃出身，人倒也不蠢。他有个谋士叫朱升，很有见识。朱洪武听了朱升的话“高筑墙，广积粮，缓称王”，最后取得民心，得了天下。从毛泽东的这段话可以看出，放牛娃出身的朱元璋颇具统战智慧，懂得延揽和使用人才，千方百计顺应和争取民心，最后夺取了天下。

（一）联合义军，壮大实力

朱元璋性格刚强，作战勇猛，而且聪明睿智、沉着镇定，很快引起郭子兴的关注和赏识，把他留在身边做了亲兵，随后升他为亲兵长，并把养女马氏嫁给了他。这时的朱元璋已不再为温饱而战，逐步有了夺取天下的渴望，同时深知要想实现新的人生目标，必须要有自己所能掌握的力量。于是，他于至正十三年（公元 1353 年）回到家乡募兵，成功募到 700 多人，包括后来成为开国功臣的徐达等大将。

随着朱元璋能力的凸显和实力的增强，心胸狭隘的郭子兴开始感受到威胁。为了打消郭子兴的疑虑，朱元璋将手下大部分军队交给了郭子兴，仅率领亲信徐达等 24 人向南部发展，并积极实行联合其他起义军的方针，进一步壮大自己的实力。当得知定远张家堡有一支 3 000 多人的“驴牌寨”义军有前来投奔的意思后，朱元璋不失时机前往联络，成功收编了这支队伍。接着，他又联合和收编了“横山寨”“横涧山”等多支义军。一路下来，朱元璋的队伍如滚雪球一般，很快聚集起几万人。

至正十五年（公元 1355 年），不善团结的郭子兴病死，成为这支起义军新首领的朱元璋决定渡江南下建立根据地。而渡江离不开船，于是朱元璋实现了与巢湖廖永安、廖永忠兄弟和俞廷玉、俞通海父子等多支水上义兵的联合，有了自己的水上力量。经过 3 年多的努力，朱元璋通过联合义军的办法，建立起一支可靠的起义队伍，为以后推翻元朝、夺取天下提供了坚实保障。

（二）善待降者，化敌为友

中国历史上对待降将降兵，历来有两种态度和做法。一种是杀之，如项羽打败秦军主力后，将 20 万俘虏全部坑杀，这是他失去人心、归于失败的重要原因。另一种是用之，如曹操任用毕谌，后张邈反叛，将毕谌的母亲等劫走，曹操允许毕谌到张邈那里去，毕谌一去不归，及至张邈叛乱被平，毕谌被抓，曹操不仅未杀之，反而说："作为人能孝顺他的亲人，不也会忠于君主吗？这正是我所需要的啊！"于是任命他为鲁国的国相。善于用人是曹操在三国中胜出的重要原因。毛泽东读到荆州牧刘表杀掉 55 位叛将时，批语："杀降不祥，孟德（曹操）所不为也。"朱元璋汲取了历史上对待降者的经验教训，以诚善待，量才为用，甚至敢于重用，从而能够化敌为友，进一步壮大了自己的力量。

朱元璋在攻打太平府（今安徽当涂）时，俘获了元军将领陈野先，并劝说他归降。但陈野先私下鼓励旧部逃跑，朱元璋发现后让他们自由决定去留。陈野先死后，其子陈兆先统率所部，集庆之役再次战败才率 3.6 万人归降。朱元璋从他们中挑选了 500 个骁勇士兵做亲兵，但他们疑惧不安。朱元璋当晚就将原来的宿卫亲兵调开，让这 500 人环绕在他的四周，解开甲胄，呼呼大睡。这 500 人感受到了信任，疑惧顿消，后来在战斗中个个争先。陈兆先从此也忠贞不贰，在与陈友谅军的鄱阳湖大战中英勇战死，保护朱元璋在兵锋中脱险。

至正二十三年（公元 1363 年），陈友谅倾国东下与朱元璋决战时，把文武百官及其家属都带到军前，以便就近监视，结果将士离心，陈友谅号称的 60 万大军与朱元璋 20 万人交战时一败涂地，许多陈军将士纷纷投降。朱元璋派人送信给陈友谅，约期会战，陈友谅却杀害了使者及全部战俘。朱元璋则反其道而行，释放了俘获的陈军将士，并且受伤的给予治疗，阵亡的安排祭奠。结果陈军军心更加动摇，士气高昂的朱军一战而胜，陈友谅也中流矢而亡。陈军纷纷放下武器，朱元璋光降卒就收留了 5 万多人。

（三）严明纪律，争取民心

元末拥兵割据的地方武装，成分复杂，军纪败坏，百姓避之唯恐不及。朱元璋队伍的扩大，有赖于不断收编义军和投降的元军，其中许多人染有抢掠奸淫等恶习，有的将士视军纪如儿戏，不仅影响了军队的战斗力，也不利于得到民众的拥护。有鉴于此，朱元璋十分注意整顿军纪，并严格执行，因而将起义军打造成为纪律严明的军队，赢得了民众的支持。

至正十四年（公元 1354 年）攻占和州（今安徽和县）后，许多军士抢掠财物和人口，朱元璋得知后震怒，召集部下大加训斥："军队如果没有纪律，能安定民众吗？"他下令释放全部掳来的妇女，让他们的亲人前来认领。于是，在军营前，父母来认领女儿，丈夫来认领妻子，哭声夹杂着笑声响成一片，朱军的声望大大提升。自此之后，每次进攻城池，朱元璋都要事先申明纪律，并写成布告在攻占之后立刻张贴出来，还派士兵巡查，发现违禁者严惩不贷。当时军粮紧张，严禁酿酒。朱元璋的爱将胡大海的儿子，偏偏违背了这项禁令。都事王恺鉴于胡大海正在前线作战，请求对其子从轻发落。朱元璋不许，说："宁可胡大海反了，也不能破坏军令。"说完，抽刀斩了胡大海之子。

至正十九年（公元 1359 年），朱元璋派兵攻取浙西时，进一步阐发了严肃军纪的道理："靠仁义才可以得天下，只要威武并不能得人心。攻城虽然靠军队作战，安民却必须靠仁义才行。我们当年攻占集庆（今江苏南京）的时候，军纪很好，秋毫无犯，军事行动也就十分顺利。如今我们才攻取了婺州（今浙江金华），对百姓要好好抚恤。这样百姓才会拥护，其他郡县也会闻风归服。"正如朱元璋所说，由于其军队纪律严明，不仅得到民众拥护，就连一些地主也纷纷为朱军捐粮，甚至一些地主武装还主动随朱军出征作战。

（四）招贤纳士，虚心纳谏

放牛娃出身的朱元璋，知道实力的重要，更知道人才的重要。所以，他在千方百计聚集力量的同时，也想方设法延揽人才，其中包括陈达、汤和、常遇春等武将，也包括李善长、陶安、朱升、刘基（刘伯温）等文臣。尤其难能可贵的是，他还能够广泛听取意见，虚心采纳正确意见，从而保证了在战略决策上不发生大的失误，这同样是他成就一番伟业的重要原因。

至正十二年（公元 1352 年），胸怀大志的朱元璋彼时还是郭子兴手下的一员大将，他向投奔他的读书人李善长请教："天下之乱，怎样才能平定？"李善长答："秦朝的时候也天下大乱。出身亭长的刘邦气量大，能容人，又不滥杀人，所以很快统一了天下。将军如能学习刘邦，定当成就大业。"李善长的话坚定了朱元璋的信心，并留下他做谋士，还自比汉高祖刘邦得到谋臣萧何。

至正十四年（公元 1354 年），朱元璋打算渡过长江寻求发展。这时，老儒陶安来见朱元璋，朱元璋便向他请教过江后的方略。陶安说："海内鼎沸，豪杰并争，明公（指朱元璋）渡江，神武不杀，人心悦服，应天顺人，以行吊伐，天下不足平也！"朱元璋问："吾欲取金陵（今江苏南京，元时称集庆，元之前曾称金陵）如何？"陶安说："金陵，古帝王都，取而有之，抚形胜以临四方，何向不克？"朱元璋依其言而行，不久攻克集庆，改称应天府，作为自己的根据地，并据此向四周扩大地盘，建立江南行中书省等政权组织，自称吴国公。同时还在自己统治区域内鼓励农业生产，保证军队和政权的粮食供应。

至正十七年（公元 1357 年），朱元璋在应天府召见名儒朱升，征求他对今后战略方针的意见。朱升总结了朱元璋过江后采取的一系列正确举措，并将其概括为九字方针，即"高筑墙，广积粮，缓称王"。所谓"高筑墙"，就是积极防御，努力把自己的根据地经营好，然后再谋求更大的发展。所谓"广积粮"，不仅是多多储备粮食，而且是为以后的发展积极备战，最大程度地积蓄力量。所谓"缓称王"，就是继续向小明王韩林儿称臣，不过早称王甚至称帝，避免树大招风，被其他势力围攻。朱元璋对朱升的九字方针深表赞同，全面贯彻，使自己始终保持了战略主动。

朱元璋占据应天府为根据地后，由于北面有韩林儿、刘福通红巾军所建立的"宋"政权做屏障，使其不会与元朝军队发生直接冲突，故而主要是与长江中游的陈友谅和下游的张士诚争夺势力范围。至正二十年（公元 1360 年），朱元璋邀请元末进士刘基做他的谋臣，商议战胜陈、张之法。刘基针对当时形势，主张避免两线作战，各个击破，并具体建议"先灭陈友谅，再灭张士诚"，得到朱元璋的肯定和采纳，刘基因此也被朱元璋比作汉高祖刘邦谋臣张良。到至正二十七年（公元1367年），朱元璋灭了陈友谅、张士诚两大势力，盘踞浙东的方国珍也向朱元璋投降。于是朱元璋于次年初在应天府即皇帝位，是为明太祖，国号“大明”。同年夏，朱元璋手下大将徐达占领元朝的大都（今北京），中国历史进入明朝统治时期。

朱元璋之奇，不仅体现在其打天下的过程中，还体现在其治天下的过程中。朱元璋称帝后，为了巩固皇权，可谓奇招迭出，比如：废除了延续1 000多年的宰相制度，皇权与相权合二为一，皇权得到空前加强，但因其后世子孙中为帝的并不像他那样勤政，导致宦官专权；担心功臣居功自傲、威胁皇权，大肆屠戮开国功臣，通过制造胡惟庸案和蓝玉案，就诛杀了4万多人，其中封公、封侯、封伯的大功臣将近40人，甚至李善长等也受到牵连；对官吏充满不信任，专门设立锦衣卫等特务机构监视他们的一言一行，致使许多官员失去安全感，有些官员上朝前会先与家人诀别，士大夫们普遍将做官视为畏途。朱元璋的这些奇招，并没有达到他期望的效果，反而产生了许多负作用，尤其是恶化了君臣关系，为明朝衰败埋下了隐患。

二、郑和下西洋与国际统一战线

2014年5月15日，习近平总书记在中国国际友好大会暨中国人民对外友好协会成立60周年纪念活动上发表讲话：“600多年前，中国的郑和率领当时世界上最强大的船队7次远航太平洋和西印度洋，到访了30多个国家和地区，没有占领一寸土地，播撒了友谊和平的种子，留下的是同沿途人民友好交往和文明传播的佳话。”明代前期的郑和七下西洋意欲何为？历史上曾有多种解读。习近平总书记的评价表明，郑和下西洋是和平友谊之旅、团结合作之旅，也可以说是巩固扩大国际统战之旅。

（一）明朝睦邻友好国策的确立

明朝开国后，明太祖朱元璋总结了元朝灭亡的教训，意识到元朝奉行的武威天下政策是不可取的，因为实行这项政策不仅严重消耗了国力，而且即使征服了一些国家，也无法真正征服人心从而实现有效统治，最终难逃失败命运。特别是明朝建立之初，百废待兴，而要在较短时间内恢复经济，使人民安居乐业，就必须同周边国家友好相处，为国内稳定发展创造良好的外部环境。因此，朱元璋果断摒弃了元朝武威天下的政策，提出了睦邻友好的主张，并逐渐将其发展为一项重要的国策。

明朝建立后，朱元璋就规定了“已承正统，方与远迩相安于无事，以共享太平之福”的对外政策，四方遣使，谕告明已代元，并积极宣示明不同于元的对外政策，希望同周边国家建立发展友好关系。洪武元年（公元 1368 年），在送给安南（今越南）的文书中就这样写道：“昔帝王之治天下，凡日月所照，无有远近，一视同仁，故中国奠安，四方得所，非有意于臣服之也。”这鲜明地表达了明朝要以一视同仁的原则对待其他国家，并不强求其臣服。洪武四年（公元 1371 年），朱元璋在与大臣讨论对外政策时说：“海外蛮夷之国，有为患于中国者，不可不讨；不为中国患者，不可辄自兴兵。”洪武五年（公元 1372 年），靖海侯吴祯统一辽东后回京奏报，朱元璋明确表示反对元朝时的扩张主义，再次强调实行和平外交：“自古人君之得天下，不在地之大小，而在德之修否。元之天下，地非不广，及末主荒淫，国祚随灭。由此观之，可不惧乎！”

对于睦邻友好的国策，朱元璋不仅自己身体力行，而且还写进洪武二年（公元 1369 年）颁布的《皇明祖训》中，要求后世子孙严格遵守。他在祖训中全面阐发了睦邻友好国策的核心要义：“四方诸夷，皆限山隔海，僻在一隅。得其地不足以供给，得其民不足以使令。若其不自揣量，来扰我边，则彼为不祥。彼既不为中国患，而我兴兵轻犯，亦不祥也。吾恐后世子孙，倚中国富强，贪一时战功，无故兴兵，致伤人命，切记不可。”同时开列了朝鲜、日本、大琉球、安南、真蜡（今柬埔寨境内）、暹罗（今泰国）、占城（今越南南部）、苏门答剌（苏门答腊，今属印度尼西亚）、西洋国（今印度南部科罗曼德尔海岸）、爪洼（爪哇，今属印度尼西亚）、湓亨国（今马来半岛）、白花国（苏门答腊岛西北部，今属印度尼西亚）、三弗齐国（巨港，今属印度尼西亚）、渤泥国（今文莱）等国为不征国。

（二）积极开展与东亚、中亚、西亚国家的友好交往

明朝将朝鲜列为不征国之首，显示了对发展中朝友好关系的高度重视。朱元璋曾就将朝鲜列为不征之国有过具体解释。当朝鲜还处于高丽王朝末期时他就说：“我中国纲常所在，列圣相传，守而不失。高丽限山隔海，偏处东夷，非我中国所治。”他还特别强调，高丽“风俗殊异，得人不足以广众，得地不足以广疆，历代所以征伐者，皆其自生衅端，初非中国好土地而欲吞并也”。及至李成桂发动兵变，李氏朝鲜取代高丽王朝，朱元璋明确表示不干涉内政，继续两国友好往来：“我

不问，要他（李成桂）自作，自要抚绥百姓，相通来往。”这使李成桂大为感动，明确提出对明朝奉行“事大以诚”的外交政策。由于两国高层的全力推动，两国友好关系获得深入发展，成为中外睦邻友好关系的典范。据统计，明朝享国 277 年间，朝鲜出使明朝 1 252 次，平均每年 4.6 次之多，足见两国的亲密程度。

明朝为了发展与一衣带水的近邻日本的友好关系，也做了很大努力。明朝建立时，日本正处于南北朝分裂时期。洪武元年（公元 1368 年），朱元璋即派遣使者出使日本南朝，通报明朝的建立，阐明明朝的对外政策。随后，日本南朝派使者回访明朝，为表示加强双方友好关系的诚意，还特地送还倭寇在中国沿海掠去的 70 多名中国人。明朝还支持日本的统一事业，派遣使者到日本北朝，劝说北朝与南朝和解。建文元年（公元 1399 年），日本南北朝和解，结束南北朝分裂状态后，明朝及时表示欢迎，并进一步发展与日本的友好关系。明朝与日本的友好交往涉及政治、经济、文化等众多方面，日本的茶道、花道深受明代文化的影响。

明成祖朱棣继位后，继续贯彻朱元璋确立的睦邻友好国策，并且“锐意通四夷”，扩大对外交往范围，其中中亚、西亚是重点地区。中亚、西亚分布着众多国家和地区，其中最强大的是帖木儿帝国，其疆域东起北印度，西达幼发拉底河，南濒阿拉伯海和波斯湾，北抵锡尔河和咸海，对明朝虎视眈眈。朱元璋统治时期，曾派傅安出使帖木儿帝国，寻求建立友好关系，但被扣押 13 年之久。朱棣即位后，抓住帖木儿帝国国王更换之机，派陈诚先后 5 次出使帖木儿帝国及其他国家和地区，广泛宣传明朝的睦邻友好政策，促进了明朝与帖木儿等国家和地区的和平相处与友好交往。苏联历史学家弗拉基米尔·佐夫对陈诚的评价为："这个杰出的中国外交家用诚恳的态度和不放弃的精神，化解两大世界最强帝国之间的矛盾，为帕米尔高原周边各民族带来安宁与和平，是 15 世纪最杰出的和平使者。"傅安、陈诚等出使中亚、西亚，带动了中亚、西亚许多国家和地区纷纷回访中国。永乐十八年（公元 1420 年），包括帖木儿帝国在内的 20 个国家和地区组成的使团，对明朝进行了为期两年多的友好访问，目睹了中国的富庶繁华和军事力量的强大，特别是感受到了明朝发展与各国友好关系的真诚。其后，中亚、西亚国家与中国的友好关系一直延续到明末，并且帖木儿帝国向中国派出使节 60 多次。埃及使臣回国后，为表达对中国的友好，解除了东方船队不得出入红海的禁令，为郑和率领船队抵达红海沿岸、结好红海地区国家创造了条件。

（三）郑和七下西洋的壮举

朱棣主张的对外友好交往是全方位的，从地域上看，不仅包括东亚、中亚、西亚，还包括东南亚；从距离上看，不仅包括周边的亚洲国家，还包括遥远的非洲国家；从出使方式看，不仅包括陆路，还包括水路。这当中，最具影响的莫过于郑和七下西洋了。

郑和本姓马，字三保，回族，是明成祖朱棣最信任的宦官之一，赐姓郑，官至内官监太监，世称"三保太监"。西洋，为今印尼加里曼丹岛以西群岛及海岸国家，包括印度及非洲东海岸。永乐三年（公元 1405 年），郑和率领由 63 条大船和 255 条小船、27 800 余人组成的庞大船队，满载丝绸、瓷器、茶叶等物品，从刘家港（今江苏太仓东浏河镇）出发，开始了首次下西洋的壮举。船队陆续抵达占城、爪洼，沿海岸线往南经由满剌加（今马六甲海峡）进入印度洋，先后到达锡兰（今斯里兰卡）、古里（今印度南部利泽科德），随后返航，历时两年三个月。至宣德五年（公元 1430 年），又 6 次下西洋，访问了 30 多个国家和地区，最北到达波斯湾和红海沿岸的麦加，最西到达非洲东海岸的麻林（今肯尼亚的马林迪）。

郑和船队每到一个国家和地区，都拜见国王和酋长，递交中国皇帝的信件，赠送礼品，促进了相互间的了解和友谊，推动了中国人民与亚非各国人民的经济文化交流。到达榜葛剌国（今孟加拉国）时，国王派出 1 000 多人迎接，骑着大象入宫，并举行了盛大的欢迎宴会。在今天东南亚一带，仍然保留着许多与郑和有关的遗迹，建立了许多纪念郑和的祠庙。在印尼爪哇岛的三宝垄，就有三宝洞、三宝墩、三宝井、三宝河及三宝圣碑。郑和在永乐七年（公元 1409 年）用中文、泰米尔文、波斯文刻写的《郑和布施锡兰山佛寺碑》，现保存在斯里兰卡国立博物馆中。在郑和船队访问之后，许多国家纷纷派出使节到中国访问，东南亚一些国家的国王甚至亲自来访，如渤泥、苏禄（今菲律宾苏禄群岛）、古麻剌朗（今菲律宾棉兰老岛）国王都曾到中国访问，而满剌加的 3 位国王 5 次访问中国。特别是渤泥国王那惹加那、古麻剌朗国王干剌义亦敦奔、苏禄东王巴都葛叭答剌病逝在中国境内，明朝给予厚葬，其陵墓现今仍有相关国家的使节祭拜，成为中国与这些国家友好交往的历史见证。

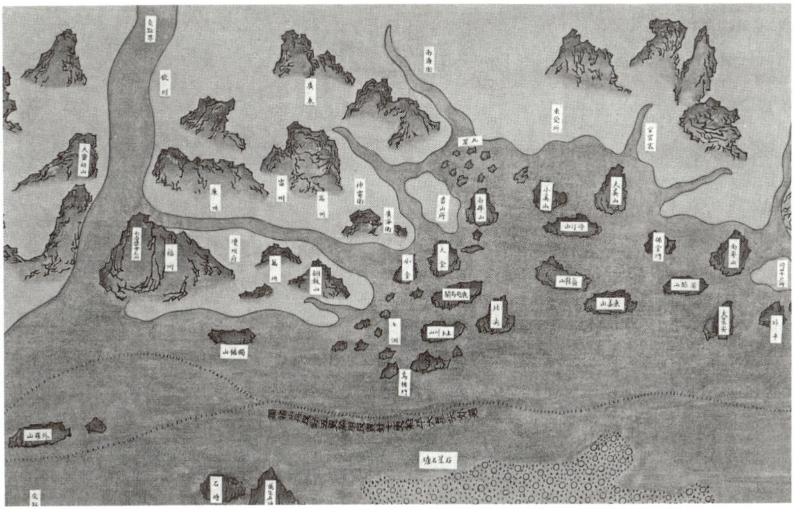

明代宣德五年（公元 1430 年）郑和最后一次下西洋时所用的海图

明朝时期，尤其是早期睦邻友好国策的确立，以郑和下西洋为代表的全方位对外友好交往的实践，增进了中国人民同亚非人民的了解和友谊，为明朝的经济社会发展创造了有利的外部环境，体现了明朝统治者的统战智慧，也丰富了中国古代统战智慧，还使国际统一战线的地位作用日益凸显。

郑和下西洋约 60 年后，意大利人哥伦布在西班牙皇室的支持下，带着给印度君主和中国皇帝的信件，率领 3 条船的船队，开始了东方之行，最后却阴差阳错地抵达了美洲，发现了新大陆。自此，西欧一些国家竞相远航探索，更多的大陆被发现，更多的航线被开通，世界各国的联系很快超越了邻国范围，迎来了全球交往交流时代。这意味着，进一步巩固扩大国际统一战线，发展同世界各国特别是先进的西欧国家的友好关系，对中国长治久安、兴旺发展的意义越来越深远。遗憾的是，明朝中晚期的统治者以及后来的清朝统治者，都没有看到或看清这一点，反而在全方位对外交往方面出现倒退，后来竟发展到实行闭关锁国政策，从而埋下了衰亡的祸根。

三、深谙中国统战智慧的外国传教士

在中国古代历史上来过中国的欧洲人中，马可·波罗和利玛窦或许是最为中国人所熟悉的两个名字。元朝时来到中国的意大利人马可·波罗，凭借一部《马可·波罗游记》，让欧洲人对遥远的东方大国产生过无限遐想。同为意大利人的利玛窦在明朝后期来到中国，其目的既不是旅游观光，也不是经商赚钱，而是传教。

（一）文化适应策略的提出

16 世纪，随着新航路的开辟和西方国家殖民扩张的推进，天主教的海外传教发展起来，其中作为天主教分支的耶稣会开始传入中国。耶稣会成立于 1540 年，首任总会长是西班牙人罗耀拉，旨在维护教皇权威，反对宗教改革。该会组织较为严密，纪律较严，致力于发展包括中国在内的国外传教势力。早在嘉靖三十一年（公元 1552 年），耶稣会传教士方济各·沙勿略就抵达了广东海域的上川岛，拉开了天主教耶稣会在中国传教的序幕。嘉靖三十六年（公元 1557 年），葡萄牙占据澳门，从此澳门成为耶稣会向中国传教的基地。

耶稣会意大利籍传教士范礼安，于万历二年（公元 1574 年）被派往东方传教，曾任印度教区大主教、中国和日本教区视察员，是继方济各·沙勿略后又一位对耶稣会在中国传播有重要影响的人物。万历六年（公元 1578 年），鉴于耶稣会在中国传教受阻，范礼安在给耶稣会总会长的信中提出了在中国传教的“文化适应策略”。他在信中写道：“进入中国唯一可行的方法，就是调整我们的策略，采取一种迄今为止与我们在其他国家采取的完全不同的方法。”耶稣会在印度和日本的做法，是在传教的同时极力推行葡萄牙化，要求信徒改穿葡萄牙服饰，取葡萄牙姓名，遵循葡萄牙人的风俗习惯。范礼安在挫折中意识到，中国长久以来培植起来的士人阶层，是不会允许一种全新的观念危及他们的地位的。因此，必须由过去要求中国人改变，改为自己改变，尊重并适应中国的文化。

（二）借重中国士大夫影响民众

范礼安提出的“文化适应策略”，是为天主教耶稣会在中国的传教战略服务的。毫无疑问，他们的战略目标是向中国的民众传教。但他们发现，中国士大夫是联系广大民众的关键环节，如欲影响广大民众，必先影响中国士大夫，然后通过中国士大夫去带动广大民众；而欲影响中国士大夫，必须主动适应中国文化，进而通过适应中国文化，同中国士大夫建立密切联系。

利玛窦于万历十年（公元 1582 年）到达澳门，次年成功进入广东肇庆，开始其传教活动。利玛窦是范礼安“文化适应策略”的忠实践行者，自进入中国后就刻苦学习中国语言和文字，换上中国士大夫的儒衣，并尊重中国的风俗习惯和传统伦理道德，尽力展示自己与中国士大夫相近的形象。利玛窦自己这样说：“来到这里，不论衣服还是鞋子都穿中国样式的，说话、喝水、吃饭以及一切生活，都依照中国的风俗习惯。”他甚至依照中国士大夫的习惯，给自己取了一个名号，叫作“西泰”。

利玛窦为了使自己能够为中国士大夫所接纳，不仅学习适应中国士大夫的吃穿住行，还学习适应中国士大夫遵从的儒家文化，力求做到形神皆相近。他从一字不识开始，潜心钻研儒家文化，据说“能尽通经史之说”，还有更夸张的说法，说他竟能将四书五经倒背如流。本来耶稣会是反对偶像崇拜的，因而也反对佛教和道教，但为了适应中国文化，利玛窦认为祭拜孔子和祖先是合适的。利玛窦甚至宣扬天主教经典所述说的道理与中国儒家学说的许多主张是相似的。作为明代东林党首领之一的邹元标就说，利玛窦等传教士所讲的一些观点，“与吾国圣人语不异”。天主教耶稣会的“文化适应策略”是有效的，获取了一部分中国士大夫的信任，甚至晚明代表儒家正义的东林党人，也同耶稣会来往密切。

（三）借重欧洲科学影响中国士大夫

意大利传教士利玛窦
（公元 1552—1610）像

在中国生活一段时间后，利玛窦深知，在中国传教离不开士大夫的支持，更离不开皇帝的允许。于是，万历二十九年（公元 1601 年），他经过多次挫折后来到北京，希望能够面见万历皇帝。他精心准备了以下礼物：天主像一幅；油画两幅，一幅是圣路加教堂圣母像的摹本，一幅是圣处女怀抱耶稣的画像；镀金边的金丝封面的每日祈祷书一本；镶有宝石的十字架一具；报时自鸣钟一座；三棱镜两个；缀以纯银链的三角形玻璃杯两个；大西洋琴一张；奥泰琉斯《月相》一书；世界地图册《万国图志》一套。万历皇帝并没有接见利玛窦，但却收下了他的礼物。不过，万历皇帝对利玛窦赠送的宗教物品毫无兴致，比较喜欢的倒是体现欧洲科学技术水平的三棱镜、地图和自鸣钟，尤其是对自鸣钟更是爱不释手，以至于皇太后提出见识一下自鸣钟时，他担心皇太后留下，竟然命人将自鸣钟发条卸下。万历皇帝也没有明确表态支持利玛窦在中国传教，但允许他在北京居住，并在宣武门建造了一座天主教堂，即今天北京的南堂。

利玛窦没有见到皇帝，但知道了皇帝的喜好，也知道了还须在中国士大夫身上下功夫，还知道了要进一步影响中国士大夫，一方面要自觉适应中国文化，另一方面要善于借助科学技术知识的手段。文艺复兴以来，欧洲科学技术获得了长足发展，很多方面走在了中国前面。所以，正如利玛窦所说，“传道必先获华人之尊敬”，“最善之法莫若渐以学术收揽人心”。基于这种认识，利玛窦和其他传教士在与中国士大夫交往过程中，积极迎合他们的口味，满足他们在历法、天文、地理、数学、工艺等方面的兴趣，时机一旦成熟就在他们中间发展教徒。徐光启是万历年间进士，官至礼部尚书兼文渊阁大学士、内阁次辅，较早师从利玛窦学习欧洲科学技术，在他的指导下翻译了《几何原本》《泰西水法》等著作，并在这个过程中加入了天主教，取教名保禄。万历进士李之藻也跟随利玛窦学习，合作翻译了《浑盖通宪图说》《圜容较义》《同文算指》等著作，同样在利玛窦影响下加入了天主教。万历进士、朝廷命官杨廷筠，出生于佛教家庭，同利玛窦交往并在李之藻劝说下，改信天主教，积极参与传教活动，仅其家族就有 100 多人成为天主教徒。

万历三十八年（公元 1610 年），利玛窦在北京病逝，在李之藻请求下，皇帝在城西赐予他一块墓地（今西城区阜成门外北京市委党校内）安葬。利玛窦和他的同道在中国的传教实践，加上先前佛教在中国的传教实践，印证了这样一条规律，即任何外来宗教，若想在有着几千年文明史的中国立足，必须自觉与所处中国社会相适应，并在助力中国社会发展中展现出独特价值，否则将出现严重水土不服而无法生存。

四、功败垂成的李自成

1949 年 3 月 23 日，中共中央从西柏坡动身前往北平，迎接解放战争的胜利和新中国的诞生。临行前，毛泽东说："今天是进京的日子，进京赶考去。"周恩来回应："我们应当都能考试及格，不要退回来。"毛泽东说："退回来就失败了。我们决不当李自成，我们都希望考个好成绩。"毛泽东为什么说"我们决不当李自成"呢？李自成是明末农民起义军领袖，领导推翻了明朝统治，但最后却功败垂成。

李自成为何功败垂成？1944 年是农历甲申年，是明末李自成领导农民起义 300 周年，抗日战争胜利在即。郭沫若写了《甲申三百年祭》，刊发在当年 3 月的重庆《新华日报》上，同年 4 月延安《解放日报》全文转载，随后中共中央将该文纳入全党整风文件。中共中央之所以如此重视该文，在于郭沫若在这篇文章中全面总结了李自成功败垂成的经验教训，其中最重要的一条是，推翻明朝统治前谦虚谨慎、收揽人心，推翻明朝统治后骄傲自满、失去人心。质言之，就是没有将统战智慧贯穿始终。

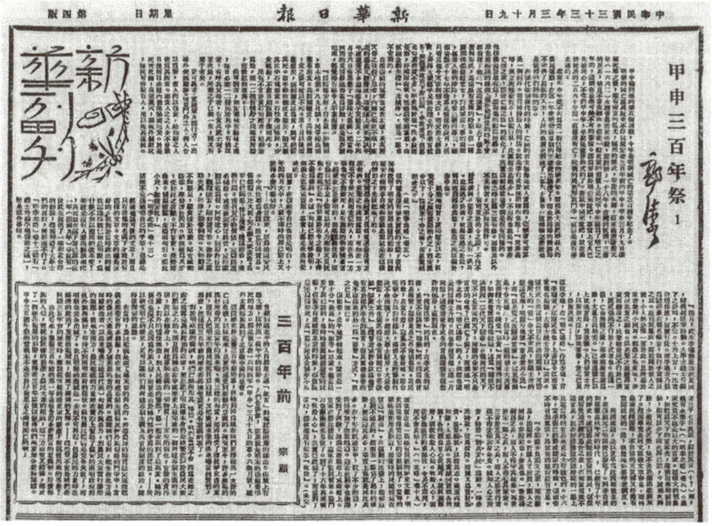
中華民國三十三年三月十九日　新華日報　星期日　第四版

新華副刊

甲申三百年祭

三百年前

《新华日报》刊载的《甲申三百年祭》

（一）明末爆发农民起义的原因

陕西延安府籍的李自成成为明末农民起义领袖不是偶然的。天启七年（公元 1627 年），陕西灾民王二联络数百人，杀死知县，揭开了明末农民起义的序幕。接下来的几年，陕西发生了严重旱灾、蝗灾，几乎颗粒无收，早已揭竿而起的饥民起义便以燎原之势迅速在陕西和全国多地蔓延开来。如是观之，严重饥荒是爆发农民起义的直接诱因。陕西籍官员马懋才于崇祯二年（公元 1629 年）奉命回乡调查实情，写成《备陈大饥疏》，今天读起来仍令人毛骨悚然："臣乡延安府，自去岁一年无雨，草木枯焦。八九月间，民争采山间蓬草而食。其粒类糠皮，其味苦而涩，食之，仅可延以不死。至十月以后而蓬尽矣，则剥树皮而食。诸树惟榆树差善，杂他树皮以为食，亦可稍缓其死。殆年终而树皮又尽矣，则又掘山中石块而食。其石名青叶，味腥而腻，少食辄饱，不数日则腹胀下坠而死。……最可悯者，如安塞城西有粪场之处，每晨必弃二三婴儿于其中。有涕泣者，有叫号者，有呼其父母者，有食其粪土者。至次晨，则所弃之子已无一生，而又有弃之者矣。更可异者，童稚辈及独行者一出城外，便无踪影。后见门外之人炊人骨以为薪，煮人肉以为食，始知前之人皆为其所食。而食人之人亦不数日面目赤肿，内发燥热而死矣。于是死者枕藉，臭气熏天，县城外掘数坑，每坑可容数百人，用以掩其遗骸。臣来之时，已满三坑有余，而数里以外不及掩者又不知其几矣。”

陕西和中原一些地区饥荒固然严重，但并非没有办法救济。倘若朝廷和各级各地官吏积极作为，或从本地有粮者中征收，或从未遭灾地区调剂，是有可能通过人力战胜天灾的。可问题是，朝廷不但没有组织救灾，反而在原有赋税之外，变本加厉征收辽晌、剿晌和练晌，将广大民众推向更加深重的灾难之中。特别是各级各地官吏，不仅不积极作为，反而乱作为，甚至胡作非为，像往常一样继续盘剥欺压百姓，而这恰恰是爆发明末农民起义的深层原因。对于这一点，连久居深宫中的明末皇帝崇祯都看得一清二楚。他在崇祯十年（公元 1637 年）下的罪己诏中，承认皇亲国戚的贪得无厌和基层吏治的腐化堕落，“勋戚不知厌足，纵贪横于京畿，乡宦灭弃防维，肆侵凌于闾里”。其实，明朝的吏治腐败，在开国皇帝朱元璋那里就埋下了祸根，到万历皇帝后已经十分严重了，万历皇帝自己 28 年不上朝，天启皇帝则不擅理政，尤喜木工，致使宦官魏忠贤专权，所以到崇祯皇帝时已是积重难返、回天无力。

（二）李自成领导起义军推翻明朝统治的经验

李自成（公元 1606—1645）雕像

李自成于崇祯二年（公元 1629 年）率众起义后，投奔了他的舅父闯王高迎祥，高迎祥战死后继任闯王，他和同乡张献忠领导的起义军是当时实力最强的两支起义军。但真正使李自成领导的起义军进一步发展壮大的重要原因，是发现和重用人才李岩，并采纳他争取人心的建议。李岩是天启举人，于崇祯十三年（公元 1640 年）投奔李自成，他建议说：“取天下以人心为本，请勿杀人，收天下心。”同时他协助李自成采取了以下争取人心的具体举措，为推翻明朝统治奠定了扎实的人心和力量基础。

首先是“剿兵安民”，树立正义之师的形象。明朝末年，官军不顾连年饥荒，仍然苛求供应，纵兵扰民，百姓深受其苦。李自成宣布“为救百姓，故起义兵”，举起“剿兵安民”的旗帜，严格执行“不淫妇女，不杀无辜，不掠资财”的纪律，民众自然人心依附。崇祯十六年（公元 1643 年），当李自成、张献忠领导的起义军已成燎原之势，崇祯皇帝召集群臣分析原因、商议对策时，大臣马世奇的一番议论颇有见地："今闯、献并负滔天之逆，而治献易，治闯难。盖献，人之所畏；闯，人之所附。非附闯也，苦兵也。""贼知人心之所苦，特借'剿兵安民'为辞。一时，愚民被欺，望风投降。""故目前胜着，须从收拾人心始。收拾人心，须从督抚镇将约束部位，令兵不虐民，民不苦兵始。"毫无疑问，马世奇的原因分析是有道理的，提出的对策是有针对性的，可惜的是为时已晚。

其次是赈济灾民，树立仁义之师的形象。崇祯年间，天灾不断，百姓生活无着，饿殍遍地。李自成领导的起义军每攻占一座城池，就开仓赈济灾民，使百姓得以活命。攻克福王朱常洵占据的洛阳后，李自成照例将没收的金银财货、大批粮食及其他物资，分发给饥民，赢得了民众的衷心支持，许多人自发加入起义军。据史书记载："远近饥民荷锄而往，应之者如流水，日夜不绝，一呼百万，而其势燎原而不可扑。"

最后是均田免粮，树立百姓之师的形象。"均田免粮"，既是李自成领导的农民军的起义口号，又是一项政治纲领，满足了民众对土地的渴望。为了落实这项政治纲领，李自成还采取了一些具体办法，比如：采取业主认耕办法，把地主兼并的土地收回来还给农户，让其尽快恢复生产；给农民分配耕牛和其他劳动工具，帮助提高耕作技术，努力发展生产；特别是在一定期限内，不要求缴纳粮食，让民众休养生息。李自成的这些政策，可以说是深得人心。人们到处这样传唱："杀牛羊，备酒浆，开了城门迎闯王，闯王来时不纳粮。"

由于采取以上措施，李自成赢得了百姓的拥护，起义军队伍不断扩大，并在军事上取得了节节胜利。李自成先是于崇祯十六年（公元 1643 年）初攻下襄阳，改为襄京，称“新顺王”；继而于崇祯十七年（公元 1644 年）初占领陕西全境后，在西安称帝，国号“大顺”；最后于当年 4 月占领北京，崇祯皇帝自缢身亡，明朝灭亡。

（三）李自成功败垂成的教训

李自成领导起义军推翻明朝统治后，被胜利冲昏了头脑，骄傲自满，不思进取，昏招频频，很快丧失好不容易凝聚起来的人心，在北京只做了 42 天皇帝就失败了，教训是极其深刻的。

首先是贪图享受，腐化堕落。李自成进北京前，还能够以身作则，不饮酒、不好色、不贪财，而且十分朴素。进北京后就变了，住进了华丽的宫殿中，还从明朝宫中选了一位面容姣好的宫女，直接册封为自己的皇后。并且“日置酒宫中，召牛金星、宋献策、宋企郊、刘宗敏、李过等欢饮”。上行下效，其他文臣武将也尽情享受，其中丞相牛金星“大轿门棍，洒金扇上贴内阁字，玉带蓝袍圆领，往来拜客，遍请同乡”。将军刘宗敏甚至不顾招降辽东总兵吴三桂之大计，抢了他的爱妾陈圆圆。

其次是抢掠钱财、滥杀无辜。进入北京不久，李自成就同意查抄明朝官员的家产，让他们交出钱财以供军饷，还给各级官员规定了标准：“中堂十万，部院京堂锦衣七万或五万三万，道科吏部五万三万，翰林三万二万一万，部属而下则各以千计。”为了保证交纳到位，还加急制作了 5 000 具“夹棍”，就是将木棍削出棱角，然后用钉子订成圈套状，人的手放在其中，用刑者稍稍用力，就会使筋骨断裂。夹棍还只是手段之一，文献记载："数稍不满，再行严逼，夹打炮烙，备极惨毒，不死不休。"起义军在洗劫官员的同时，不少人将目光转向了普通百姓，文献记载："杀人无虚日，大抵兵丁掠抢民财者也。"起义军在北京的 42 天中，官员和富户中有 1 600 多人丧命于刑具之下，百姓普遍受到劫掠，妇女被奸污者不计其数。

再次是骄傲轻敌，败退出京。李自成攻占北京后，面临的形势仍然是十分严峻的：江南半壁江山还在明朝残余势力控制之下，并拥有几十万军队；满洲贵族基本占据关外，建立了清政权，并时刻准备入主中原；明朝派去驻守山海关的将领吴三桂，手中握有数万精兵，仍在犹豫观望。陶醉在胜利之中的李自成，并没有将四面之敌放在眼里，因而既没有乘胜追击残敌，也没有积极应对清政权的挑战，尽管派人去招降吴三桂，但因刘宗敏霸占了他的爱妾陈圆圆，又抓了他的父亲吴襄，逼迫吴三桂投降了清政权，并与之联合起来攻打李自成的起义军。李自成匆忙召开会议商议迎战办法，但纵情享乐、斗志全无的将领们都不愿带兵前往，李自成只好自己披挂上阵，仓促应战，结果大败而归，不得不逃出北京。

最后是内部分裂，政息人亡。李岩是李自成起义军领导层中为数不多头脑比较清醒的将领，刚进北京他就向李自成建议：对明朝官员中贪贿的、抗命不降的、清廉的，要区别对待，不宜用一样的政策；把军队调到城外，听候调遣出征，且军兵不宜借住民房，恐失民望。但李自成听不进去，更没有采纳。李自成逃出北京后，吴三桂引领清军追击，地方上明朝降官降将趁机反叛，原被起义军占领的河南再度失守。李岩向李自成提出带兵回河南平叛，稳定住局势。素来妒恨李岩的牛金星却对李自成说："李岩雄武有大略，不是久居人下的人。河南是他的故乡，如果给他一支大军，必然难以驾驭。”李自成听信谗言，命牛金星杀掉了李岩，导致起义军内部分裂，将士离心。刘宗敏见状，率领所部脱离了李自成。这样，李自成原想退守西安的愿望化为泡影，不得不向南撤退，最后在湖北通山县九宫山遭地主武装袭击而亡，李自成建立的大顺政权随之垮台。

第七章

清朝时期的统战智慧

1960年初，第二届全国人民代表大会第二次全体会议期间，作为大会主席团成员的著名满族作家老舍，在休息室遇到了毛泽东等中央领导同志。毛泽东叫住他，饶有兴趣地说："一起坐一坐，说说你们满族人。"毛泽东着重谈了康熙皇帝的三个伟大贡献，在谈第二个时说，康熙皇帝的第二个伟大贡献，是他的统一战线政策。满族进关时兵力只有5万多，加上家属也不过20万，以这样少的人口去统治那么一个大国，占领那么大领土，管理那么多人口，矛盾非常突出。康熙皇帝便发明了一个统一战线，先团结蒙古族和其他民族，后来又团结了汉族的上层人士，他还全面学习和继承了当时比满文化要先进得多的汉文化。从毛泽东的评论可以看出，以康熙皇帝为代表的清朝前期统治者，实行正确的统一战线政策，建立了较为和谐的民族关系，不仅成就了中国封建社会又一个盛世——康乾盛世，而且有效破解了困扰历代统治者的中原政权与北方游牧民族关系的难题，将中国古代统战智慧推向了新的高峰。不过，清朝统治者未能跟上随着远航事业发展、全球交往交流时代到来的形势，未能看清以英国为代表的欧洲民族国家随着资产阶级革命成功、第一次工业革命兴起已经走在世界前列的现实，因而未能正确处理同西方民族国家关系的问题，最后不可避免地走向落后和衰亡，并终结了在中国有2 000多年历史的封建帝制。

一、坚持剿抚并用，完成统一大业

满族是我国东北地区有着悠久历史的民族，先秦时期叫“肃慎”，汉代改称“挹娄”，南北朝时易名“勿吉”，隋朝时更名“靺鞨”。唐代，靺鞨的一支——粟末靺鞨的首领大祚荣建立渤海国，接受唐朝册封并入贡于唐，这是满族先世建立的第一个地方政权。五代时期，靺鞨改称“女真”，其渤海国被辽国所灭。北宋时期，女真首领完颜阿骨打率军打败辽国，建立大金，这是满族先世建立的第二个地方政权。12 世纪，金国为成吉思汗领导的蒙古军队所攻灭。明灭元后，分成建州、海西、野人（东海）三大部，均处于明朝统治之下。明万历四十四年（公元 1616 年），建州女真首领努尔哈赤统一了女真三大部，追溯其先世——北宋时期女真政权大金，建立了新的政权“大金”，史称“后金”。明崇祯八年（公元 1635 年），努尔哈赤之子皇太极即位后，为增进民族意识，将族名改为满洲，次年又将国号由“金”改为“清”。明崇祯十七年（公元 1644 年），皇太极幼子、6 岁的福临在北京紫禁城登基，中国历史进入了清朝统治时期。

清太祖努尔哈赤（公元 1559—1626）像

著名历史学家杨向奎曾在《大一统与儒家思想》序言中写道："大一统义倡自《公羊》，汉末何休发扬光大之，千百年来此义深入人心，变成我国民族间之凝聚力。"清朝统治者入主中原后，同样秉持大一统理念，以完成国家统一大业为己任，并为此进行了不懈努力，终于建立了中国历史上又一个统一的多民族国家。康乾盛世时，中国陆地总面积达 1 300 多万平方千米。清朝统治者是如何完成国家统一大业的呢？主要是剿抚并用，"剿"即诉之武力，"抚"即诉之招抚，而招抚策略本质上是统战策略。

（一）平定"三藩"叛乱

清军入关后，在消灭李自成残余势力和南明政权过程中，为了解决自身力量不足的问题，重用明朝降将吴三桂、尚可喜、耿仲明等，鉴于他们长期统兵作战和屡立战功，并考虑继续利用他们稳定南方，屏障朝廷，于是清初封吴三桂为平西王，镇守云南；封尚可喜为平南王，镇守广东；封耿仲明为靖南王，镇守福建。此三王合称"三藩"。令清廷始料不及的是，"三藩"不仅垄断地方财政，掌握当地官员任免大权，而且各握兵柄，拥兵自重，导致他们所镇守的地区成了"独立王国"，严重影响了国家统一。

康熙十二年（公元 1673 年），年老多病的尚可喜上书皇帝，请求归养辽东，留下儿子尚之信袭爵留镇。稍后，吴三桂、耿精忠（耿仲明之孙，已袭其爵位）也假意撤藩，以刺探朝廷态度。康熙皇帝将计就计，同意撤藩。吴三桂没想到自己弄巧成拙，公开反叛，随后称帝。耿精忠、尚之信以及广西、贵州、四川、陕西等地汉族将领和官员纷纷响应。

清圣祖康熙（公元 1662—1722）像

康熙皇帝根据形势的发展，团结争取各种力量，集中力量孤立打击吴三桂。首先对于在北方的“三藩”亲属和部下，只杀了首恶吴三桂之子吴应熊和孙子吴世霖，以示平叛决心，而对于其他人明确宣布一概不株连治罪，让他们安心守职。其次晓谕云、贵等地军民，即使受吴三桂等人蒙蔽参加了叛乱，只要悔过投降，便不予治罪，从而动摇了叛军军心。再次，在加紧军事围剿的同时，积极招抚吴军将领，其中最有影响的就是对吴三桂养子、陕西提督王辅臣的招抚。王辅臣配合吴三桂在西北叛乱，康熙皇帝让其子招降，遭到王辅臣拒绝。于是派大军将其包围，王辅臣只好遣使乞降，康熙皇帝不但准降，还复其原职，加太子太保、靖寇将军名号，从而挫败了吴三桂依靠王辅臣配合北犯的图谋。随后，耿精忠、尚之信接受招降。吴军诸将见大势已去，也纷纷迎降。到康熙二十年（公元 1681 年），“三藩”叛乱彻底平定，结束了国家分裂割据局面。

（二）统一台湾

据文献记载，早在汉代时祖国大陆与台湾就有了交往。北宋时，开始在澎湖派兵戍守。元朝在澎湖设置巡检司，此后中国历代政府开始在台、澎地区实施行政管辖。

明朝末年，统治衰败，海防空虚。1624 年，荷兰殖民者乘机侵占了台湾南部。清顺治年间，郑成功支持南明政权反清复明行动失败后，决定进取台湾，以形成“进则可战而复中原之地，退则可守而无内顾之忧”的有利形势。经过充分准备，顺治十八年（公元 1662 年），郑成功亲率大军打败了荷军，被荷兰殖民者侵占 38 年之久的宝岛台湾，回到祖国的怀抱。郑成功因此成为名垂青史的民族英雄。

泉州的郑成功（公元 1624—1662）雕像

康熙平定“三藩”叛乱后，鉴于郑成功在台湾建立了以南明为正朔的地方政权，且拒不接受清朝的统治，决定坚持剿抚并用的策略，重新掌握对台湾的行政管辖权。郑成功去世后，康熙皇帝派原属郑成功部下的降清将领施琅，率水师 3 万余人进攻台湾的门户澎湖，并大获全胜。康熙皇帝审时度势，否定了继续用武力进剿台湾的主张，认为招抚才是上策。台湾方面，由于已无屏障可依，面对清军强大攻势，上表请降。康熙二十二年（公元 1683 年），在台湾孔庙举行了隆重的受降仪式，悬处海隅 22 年的台湾，终于重新由清中央政府管辖。统一台湾的捷报传到京城的时候，正值中秋佳节，康熙皇帝欣然挥毫赋诗：“万里扶桑早挂弓，水犀军指岛门空。来庭岂为修文德，柔远初非黩武功。牙帐受降秋色外，羽林奏捷月明中。海隅久念苍生困，耕凿从今九壤同。”次年，清廷在台湾设置一府三县，隶属于福建省管辖。公元1885年改设台湾为行省，是当时中国第20个行省。

（三）剿灭噶尔丹分裂势力

明灭元后，成吉思汗的后裔退守北方大漠，形成漠南蒙古、漠北蒙古（又称喀尔喀蒙古）和漠西蒙古（又称卫拉特或厄鲁特蒙古）三大部落，彼此互不统属，且常发生冲突甚至攻掠。努尔哈赤和皇太极时期，通过安抚、怀柔等统一战线方式，漠南蒙古归附了清朝，漠北与漠西蒙古也与清朝建立了良好的遣使进贡关系。

然而这种相安无事的状态没能维持太久，就被厄鲁特蒙古准噶尔部落首领噶尔丹打破了。噶尔丹野心勃勃，梦想成为蒙古霸主。因此，当他获得“博硕克图汗”称号，掌握准噶尔部落统治权后，就对厄鲁特部及临近蒙古部落发动了一系列兼并战争，并在这一“近攻”目标实现后，又开始了“东进”计划，妄图进一步控制青海的和硕特部和喀尔喀蒙古。为了达到自己的目的，噶尔丹竟然与沙俄勾结。在沙俄的支持下，噶尔丹打败了喀尔喀部，喀尔喀首领率部南下附清。噶尔丹又以追击喀尔喀为名，侵入清朝控制的乌兰布通（今乌兰布统，位于内蒙古自治区克什克腾旗西南部），而此地距北京不到400公里。气焰嚣张的噶尔丹向康熙皇帝提出“圣上君南方，我长北方”的要求，俨然要与清廷分庭抗礼。

为了维护国家统一，康熙皇帝确定了剿灭噶尔丹分裂势力、招抚其部众的目标。为了显示打击噶尔丹的坚定决心，康熙皇帝 3 次率军亲征。经过近 7 年的征战，清军先后在乌兰布通等战役中大胜，重创噶尔丹军，将其有生力量消灭殆尽，噶尔丹本人也落得名败身亡的下场。噶尔丹的侄子丹济拉带着噶尔丹的尸体，率余部归降。清廷平定噶尔丹的叛乱和分裂，在统一西北和北部边疆的进程中迈出了重要一步，促进了多民族国家的发展。特别是康熙三十年（公元 1691 年），康熙皇帝召集内外蒙古首领，在多伦诺尔（今内蒙古自治区多伦县）举行了一次盛大的会盟，将归附的喀尔喀诸部分设 34 旗，实行扎萨克制（清朝八旗制度的变体，允许有一定的自治权，同时确保对中央政府的忠诚），赐封各首领亲王、郡王等爵号，从而标志着漠北地区纳入了清廷的直接管辖。

此后，从康熙皇帝到雍正皇帝、乾隆皇帝，都坚持剿抚并用策略，先后平定了厄鲁特蒙古准噶尔部策妄阿拉布坦、罗卜藏丹津、噶尔丹策凌、阿睦尔撒纳等的叛乱，天山南北两路的大和卓木布拉尼敦与小和卓木霍集占的叛乱，西南大小金川土司动乱，还胜利反击了沙俄对雅克萨（曾是中国东北边疆古城）、廓尔喀（今尼泊尔中部）对西藏的入侵，建立健全了管辖制度，中国东北地区、北部地区、西北地区、西南地区终于与内地形成了统一整体，一个幅员辽阔、人口众多、多民族统一的国家巍然屹立于世界东方。

孙子在《孙子兵法》中指出：“不战而屈人之兵，善之善者也。”清朝前朝统治者完成统一大业的实践表明，以招抚、怀柔为特点的统战方式，就是一种“不战而屈人之兵”的方式，也是一种不流血的人道方式。当然，清朝前期统治者完成统一大业的实践还表明，统战方式的运用是有条件的，即必须以强大的武力为后盾。换言之，如果没有兵临城下、大军压境，对方很难自觉接受招抚、怀柔方式。正因为如此，乾隆皇帝才深有感触地说："乃知守中国者，不可徒言偃武修文，以自示弱也。彼偃武修文之不已，必致弃其故有而不能守，是亦不可不知耳。"

二、康熙为什么不赞同维修长城

康熙三十年（公元 1691 年），古北口总兵蔡元上书朝廷，提出他镇守的长城"倾塌甚多"，请求朝廷拨款维修。康熙皇帝没有同意蔡元的请求，并给出了这样的回复："秦筑长城以来，汉、唐、宋亦常修理，其时岂无边患？明末，我太祖统大兵长驱直入，诸路瓦解，皆莫敢当。可见守国之道，惟在修德安民，民心悦则邦本得，而边境自固，所谓'众志成城'者是也……今欲修之，兴工劳役，岂能无害百姓？且长城延袤数千里，养兵几何方能分守？"显然，在康熙皇帝看来，与其劳民伤财维修长城，不如修德安民众志成城，而这由民心铸成的无形长城，比由砖石砌成的有形长城要坚固得多。康熙皇帝的这个见解是极其深刻的。

对于满族来说，无论是夺取政权，还是巩固政权，最要紧的是处理好满族与汉族及其他各民族的关系，可以说这始终是其治国理政面临的头号难题。如何破解这一难题呢？正如毛泽东在同老舍谈话时指出的，康熙皇帝及清朝前期统治者十分注重实行正确的统一战线政策，特别是正确的民族政策，积极稳妥地处理满族与汉族等民族的关系，促进了满族与汉族等各民族的团结，有效解决了困扰历代统治者的边患问题，也为康乾盛世奠定了坚实基础。

（一）加强满蒙团结

鉴于成吉思汗时代蒙古铁骑横扫欧亚大陆，所以尽管17世纪蒙古已分裂为漠南、漠北、漠西三大部，但其实力仍然不可小觑。特别是漠南蒙古南与明接壤、东与清为邻，其向背对明清角逐中谁胜谁负具有重大影响。因此，清朝开国前后，自然便把加强满蒙团结摆在优先位置，采取了一系列重大措施。

一是实行和亲政策。明朝后期，科尔沁部是漠南蒙古中较强的部落。努尔哈赤在统一女真各部过程中，就注意加强同科尔沁部的团结。早在明万历四十年（公元1612年），努尔哈赤就主动向科尔沁部蒙古贵族明安贝勒求婚，明安贝勒亲送其女嫁给努尔哈赤，这是建州女真首次与科尔沁部蒙古贵族通婚。由此，拉开了满蒙联姻的序幕，以后逐渐成为定制。

与明朝交好的察哈尔部是漠南蒙古中势力最为强大的部落，但该部林丹汗在漠南以及漠北、漠西蒙古各部中很不得人心。皇太极发动了对林丹汗的西征，林丹汗逃到青海后病死，但俘虏了林丹汗的儿子额哲，得到了蒙古各部垂涎三尺的元朝传国玉玺。让额哲颇感意外的是，皇太极不仅没有杀他，反而设宴款待他，并将二女儿许配给他。实行和亲政策过程中，皇太极更是“以身作则”，他的后妃中有多位是蒙古女子，而且所立崇德五宫（亦称五大福晋）全是蒙古女子。同时，皇太极又将多位亲女、养女嫁给了蒙古贵族。通过实行和亲政策，满族与漠南蒙古建立了良好关系，漠南蒙古各部尊奉皇太极为可汗，并在协助清朝入主中原中发挥了重要作用。清朝掌握全国政权后，满蒙和亲更成为“北不断亲”的国策。据统计，从明朝末年建州女真建立后金政权之前，到清末宣统年间，满蒙之间婚嫁多达 595 次，其中皇室下嫁蒙古王公的公主、格格为 432 人，皇室迎娶蒙古王公之女 163 人。恩格斯指出，“结婚是一种政治的行为，是一种借新的联姻来扩大自己势力的机会”。清廷和亲政策的长期实行，使蒙古贵族世代与清朝皇室保持姻亲关系，催生了蒙古姻亲集团，成为清廷维护北部边疆乃至内地安定的可靠倚重力量。

清世祖顺治（公元 1638—1661）像

二是建立封爵制度。封爵是历代封建王朝统治者授予贵族和功臣爵位的一种制度，对于调节统治阶级内部关系、巩固统治地位具有重要意义。清朝统治者创造性地将这项制度运用于蒙古贵族，这项制度成为调节满蒙关系、促进满蒙团结、维护边疆稳定的重要手段。给蒙古贵族封爵的做法，始于努尔哈赤，完善于皇太极，到顺治皇帝时确立为一项制度。顺治十三年（公元 1656 年），顺治皇帝在给蒙古科尔沁部的敕谕中写道：“我国家世世为天子，尔等亦世世为王，享富贵于无穷，垂芳名于不朽。”这道敕谕，通过确立封爵制度，进一步明确了双方的君臣地位，以及荣辱与共的密切关系。清朝蒙古爵位共有 18 个等级，包括汗王、亲王、郡王、贝勒、贝子、镇国公、辅国公、札萨克台吉、一等台吉、二等台吉、三等台吉、四等台吉、固伦额驸、和硕额驸、郡主额驸、县主额驸、郡君额驸、县郡额驸，并且相应给予丰厚俸禄。以顺治时期为例，朝廷发放科尔沁亲王的岁俸为银 2 500 两，而当时朝廷汉人一品大员的岁俸不过银 600 两。清朝统治者对蒙古封爵制度的执行，体现了“怀之以德”的统一战线精神，有功者封爵，归附者封爵，叛逆后又归降者同样封爵。像准噶尔汗达瓦齐发动叛乱后，乾隆皇帝表示：“达瓦齐能痛改前非，输诚投顺，朕亦一体封爵，不令所失。”但达瓦齐并未自愿输诚投顺，而是战败被俘，乾隆皇帝不仅释放了他，还加恩封为亲王，在蒙古各部中产生了良好反响，增强了对清王朝的向心力。

清高宗乾隆（公元 1711—1799）像

三是完善朝觐方式。朝觐是一种官员按照固定时间，进京朝见皇帝的行政管理制度。实行这项制度，既有助于强化皇帝的权威，又有助于皇帝对官员的了解和监管。清朝统治者在处理满蒙关系时，对朝觐制度进行了完善，赋予其展现皇恩、联络感情等功能，朝觐制度成为加强满蒙团结的有效举措。鉴于顺治皇帝感染天花而逝，清朝统治者创设了“年班”与“围班”两种具体的朝觐方式。所谓“年班”，就是蒙古王公贵族已出痘者，每年年底轮班进京谒见皇帝，献上贡品，接受赏赐，禀报本地政务情况等。所谓“围班”，就是蒙古王公贵族未出痘者，轮班赴京外木兰围场随同皇帝围猎，并在承德避暑山庄谒见皇帝，接受赐宴和其他赏赐。乾隆皇帝曾这样评价“围班”及其作用：“皇祖辟此避暑山庄，每岁巡幸，俾蒙古未出痘生身者皆得觐见、宴赏、锡赉，恩益深而情益联，实良法美意，超越千古。”

（二）加强满藏团结

西藏地处西南，“屏藩青海、滇、蜀”，战略位置十分重要。特别是蒙古族受西藏影响，几乎全民信仰藏传佛教，尤其是其中的黄教。实行正确的宗教政策，融洽满藏关系，对于巩固满蒙团结具有重要影响。正如乾隆皇帝所说：“兴黄教，即所以安众蒙古，所系非小，故不可不保护之。”因此，清朝统治者将加强满藏团结，同样摆在了十分重要的位置。

清朝开国以后，全面总结借鉴元、明两朝治理西藏的经验，及时吸取清初西藏多次发生内乱和外敌入侵的教训，逐渐明确了政、教并用的原则，并通过制定颁布《酌定西藏善后章程十三条》《钦定藏内善后章程二十九条》，将这项原则具体化、规范化、制度化，有力促进了满藏团结，密切了藏族与祖国大家庭各民族的联系，巩固了西南边防。

从宗教方面看，吐蕃政权崩溃、佛教再度兴起后，出现了众多派别，并多以衣着颜色称之。到明末清初时，较大的派别有宁玛派（红教）、噶举派（白教）、萨迦派（花教）、格鲁派（黄教）等。黄教创始人宗喀巴进行宗教改革后，取得了在西藏的统治地位，由其弟子达赖管理前藏，另一位弟子班禅管理后藏，且宗喀巴死后，达赖与班禅继承衣钵。清朝统治者在利用宗教方面采取了以下做法：首先是优礼藏传佛教上层人士，对五世达赖、五世班禅进行册封，达赖、班禅名号及其在西藏的宗教领袖地位正式确立；其次是授予达赖喇嘛直接掌管西藏地方事务的权力，使之具有了宗教领袖和政治领袖双重身份，开始了黄教参与治理西藏的政教合一制度；最后是加强对藏传佛教的管理，创立金瓶掣签制度，规定达赖喇嘛、班禅额尔德尼等转世灵童的认定，须由驻藏大臣主持，将其名字、生辰年月，以满、汉、藏 3 种文字书写于象牙签牌上，然后置于金瓶内当众掣出，呈报中央政府正式批准。

从政治方面看，首先是清廷参考元朝设置宣政院的做法，改蒙古衙门为理藩院，专门管理边疆民族事务，特别是西藏与蒙古事务；其次是正式设立驻藏大臣，将其作为中央政府治藏政策的具体执行者，并规定政治上驻藏大臣与达赖、班禅平等，宗教监管上由驻藏大臣主持达赖、班禅等转世灵童的金瓶掣签，行政人事上噶伦及以下地方官员由驻藏大臣会同达赖拣选，外交上由驻藏大臣全权负责，军事上每年由驻藏大臣巡视边界、操阅番兵，财政上由驻藏大臣严格管理财税、监制钱币等；最后是完善噶厦（原西藏地方政府），实行四噶伦（行政长官）制，即三俗一僧。

（三）加强满汉团结

满族入主中原后，首先面对的是经济发达、文化深厚、人口众多且有着长久执政历史的汉民族。如果说，能否正确处理满蒙等少数民族关系，直接影响着满族入主中原、巩固边防的话，那么能否正确处理满汉关系，则直接影响着满族立足中原、长治久安。因此，清朝统治者始终将正确处理满汉关系作为核心问题，提出“满汉一体”的方针，采取了一系列有针对性的措施，切实加强满汉团结，不仅成就了康乾盛世，而且创造了比肩中国历代封建统治者的辉煌业绩。

一是优待明朝皇室旧臣。清军进京不久，就为崇祯皇帝和后妃发丧，追谥崇祯为“庄烈愍皇帝”，宣布保护明陵，按时祭扫。凡明朝宗室来归者，不夺其爵，并继续享有宗室特权。凡在京的明朝旧臣，包括过去逃避李自成义军隐匿者，均按名录用。凡地方郡县官吏归顺者晋级。在战乱中殉难的明朝官员，赠谥世荫，立庙祭奠，以使“尽忠者以为劝，不忠者以为戒”。特别是，清朝统治者在录用明朝官员时，可谓不问出身，唯才是举。如冯铨是大奸臣魏忠贤的义子，有过揽权受贿的行为，但清廷坚持录用，官至礼部尚书，顺治皇帝还专门解释说：国家用人着眼于叫他立功，而不是再犯错误。冯铨本无大错，且精通典章制度、熟悉政务，因此召用。更有甚者，像李自成大顺政权的丞相牛金星及其子牛佺归降后，清廷也给予适当安排，牛佺官至黄州知府。清朝统治者优待明朝皇室旧臣的做法，打消了他们的疑虑，安定了汉族人心。

二是纠正损害汉人利益的错误政策。清朝开国前后秉持“首崇满洲”的既定国策，制定和实施了损害汉人利益的圈地、投充、逃人等具体政策，引起了汉人的不满和满汉关系的紧张。所谓“圈地”政策，就是清廷为解决大量随清军入关家属的生计问题，允许其圈占无主土地及明朝藩王土地，但实际上许多汉族农民的土地也被圈占。所谓“投充”政策，就是满洲贵族占有大量土地却缺乏劳力耕种，清廷便允许无衣无食的汉人投入满洲贵族家中为奴，但实际上许多汉人被强迫为奴。所谓“逃人”政策，就是试图禁止被逼迫为奴的汉人逃亡。圈地、投充、逃人三大政策的实施，使汉族民众逐渐失去土地、财产和人身自由，对汉人的生产生活造成严重破坏，引发了社会动荡。康熙时期先后废止了圈地、投充政策，逃人政策不了了之，先前所圈土地退还原主，投充之人重获人身自由，汉人生产生活秩序得以恢复和保障，从而有效缓解了满汉民族矛盾。

三是尊崇、学习汉族文化。马克思指出：“野蛮的征服者总是被那些他们所征服的民族的较高文明所征服，这是一条永恒的历史规律。”清朝统治者当然也不能违背这条规律。不过清朝统治者的聪明之处在于，当他们发现尊崇汉族先进文化，有利于密切同汉族的联系、巩固执政地位时，便主动地学习汉族文化，并且历代皇帝都能够身体力行。像康熙皇帝，一生都孜孜不倦地学习汉族文化，一方面学习汉族的语言、文字，尤对汉字书法情有独钟，一生临摹法帖 10 000 多幅，为寺庙题写匾额 1 000 多处；另一方面系统学习儒家经典，并请翰林院中博学的汉人儒臣常侍左右，随时为他讲解，以便了解借鉴治国理政的智慧。皇帝的这种做法在满族中产生了很强的示范效应，带动满族贵族及广大族人学习汉族文化，从而增加了汉族同满族的共同语言，增强了汉族心理上对满族的亲近之感，特别是对清政权的认同感。

四是支持满汉通婚。顺治五年（公元 1648 年），顺治皇帝就满汉通婚颁旨：“方今天下一家，满汉官民皆朕臣子，欲其各相亲睦，莫若使之缔造婚姻。自后满汉官民，有欲联姻好者，听之。”清廷有关部门制定了支持满汉通婚的具体政策，规定凡满洲官员的女儿欲嫁给汉人的，应先向户部报告。满洲人无官职，部册有名者，令各牛录章京报告户部后，才许出嫁；部册无名者，由各牛录章京自行批准。汉官之女欲嫁给满洲人的，也须报部；没有任职的，“听其自便”，不需报部。对满洲官民还有一条规定，即娶汉人之女为妻的，“方准其娶”，言外之意，不准纳汉人之女为妾。顺治皇帝带头选汉人女子入宫，其中户部左侍郎石申的女儿恩赐永寿宫，后封为恪妃。清朝统治者实行满汉通婚政策尽管不够一贯，但积极作用是明显的，不仅促进了满汉团结，而且促进了满汉融合。

清朝统治者十分推崇《礼记·王制》中“修其教，不易其俗；齐其政，不易其宜”（注重对他们进行礼义方面的教育，不必改变其风俗；注重统一政令，不必改变其习惯）的观点，并将其作为处理民族关系的重要遵循。据此，清廷除重视对满汉、满蒙、满藏关系的处理外，还因族制宜处理好与其他少数民族的关系。其中，平定天山南北大小和卓叛乱后，在天山北部汉、回居住区实行郡县制，哈密、吐鲁番地区的维吾尔族实行扎萨克制，伊犁和天山南部地区维吾尔族维持伯克制。在西南苗、瑶、壮、彝、白等民族地区，废除元、明以来推行的落后土司制度，改为中央委派流官进行治理的措施，即所谓的“改土归流”。实行这些措施，既加强了中央政府的权威，维护了祖国统一，又赋予了各民族一定的自治权，尊重了其风俗习惯，从而增进了各民族间的经济、政治、文化联系，促进了全国各民族的团结合作。

三、宽严相济策略下的士大夫群体

中国士大夫自春秋战国时期出现后，经过 2 000 多年封建社会的发展，到清代鼎盛时已有数十万之众。虽然相较全国 4 亿多人口仍属少数，但却是影响政权巩固、社会安定、经济社会发展的关键少数。因此，清朝统治者十分重视处理同士大夫群体的关系，根据本朝实际制定了宽严相济的策略，一方面利用士大夫群体成事，另一方面防止这个群体生事。但由于清朝统治者在运用“严”的这一手时大兴文字狱，严重扼杀了士大夫群体的积极性、主动性、创造性，造成了万马齐喑的局面，这为清王朝在国际竞争中落败埋下了祸根。

（一）宽严相济策略的形成

人心向背既决定着政权的夺取，也决定着政权的巩固，这是颠扑不破的真理。清朝统治者当然懂得这个真理，并在定鼎中原后积极探寻争取人心之道。归附清政权的明朝旧臣范文程认为，士大夫群体具有民众教化与管理双重作用，是争取民心的关键因素，所以他向清廷献计说：“治天下在得民心……得了士人之心，所有民心也就得到了。”清朝统治者对范文程的建议深以为然。但考虑到以汉人为主体的士大夫群体，对少数民族建立的清政权抱有疑虑，甚至敌意，故而清朝统治者对这个群体存在十分矛盾的心态，既想利用，又不放心，所以逐渐形成了怀柔与控制并用的两手策略，也就是宽严相济策略。

早在顺治时期，顺治皇帝就与群臣讨论过宽严相济问题。

顺治说："朕自亲政以来，以宽为治，恒谓洪武诛戮大臣为太过。由今以观，太宽亦不可也。"都察院左副都御史魏裔介回应说："自古宽严相济，过宽而生玩，即用严亦宜。"

康熙时期，康熙皇帝从治理国家长远利益的角度，论述了宽严相济策略。他说："从来帝王之治天下，未尝不以敬天法祖为首务。"敬天法祖之实质，则在于"柔远能迩，休养苍生，共四海之利为利，一天下之心为心，体群臣，子庶民，保邦于未危，致治于未乱，夙夜孜孜，寤寐不遑，宽严相济，经权互用，以图国家久远之计而已"。

雍正时期，雍正皇帝对实施宽严相济的要点做了详细阐发："所谓相济者，非方欲宽而杂之以严，方欲严而杂之以宽也。惟观乎其时，审乎其事，当宽则宽，当严则严而已。"他特别强调："宽严适协其宜，乃为相济，非参杂于宽严之间，而为子莫之执中也。"

乾隆时期，乾隆皇帝即位之初就在总结前代认识和实践成果的基础上说："办理事物，宽严当得其中。若严而至于苛刻，宽而至于废弛，皆非宽严相济之道。"

"治国就是治吏。"清朝前期几位皇帝虽然是从治国角度探讨宽严相济之策的，但因为吏是士大夫群体的中坚，因而宽严相济更多体现为对士大夫群体的怀柔与控制。

（二）团结争取士大夫群体的努力

按照宽严相济的策略，清朝统治者在运用"宽"的方面，主要是针对以汉族为主体的士大夫群体的特点，适应治国理政的需要，将"崇儒重道"确定为一项基本国策，通过开科取士广泛延揽人才，组织编撰《四库全书》等传承传统文化，从而团结了士大夫群体，使士大夫群体成为其治国理政的重要依靠力量。

孔庙中康熙皇帝的手书匾额

一是制定实施“崇儒重道”基本国策。自汉代“罢黜百家、独尊儒术”后，儒家思想成为历朝占统治地位的主导思想，同时成为士大夫群体的精神支柱。因此，清朝统治者开国后就将“崇儒重道”作为一项基本国策，推出了一系列重大举措，获得了士大夫群体的好感。顺治皇帝在太学举行了隆重的“释奠先师孔子”典礼，勉励太学生笃守“圣人之道”。康熙皇帝亲临曲阜孔庙，手书“万世师表”匾额，以示“尊圣之意”。康熙皇帝在推尊孔子的同时，还大力表彰朱熹，将朱熹的论学精义汇编成《朱子全书》，实现了从尊孔到尊朱的转型。康熙皇帝还将“崇儒重道”基本国策具体化为“十六条纲领”，即“圣训十六条”，对敦孝悌、笃宗教、和乡党、重农桑、尚节俭、隆学校、黜异端、讲法律、明礼让、务本业、训子弟、息诬告、诫匿逃、完钱粮、联保甲、解仇忿等做了重点强调，希望借此达成“尚德缓刑、化民成俗”之效。雍正皇帝则撰写了万言《圣谕广训》，对“圣谕十六条”做了详尽解读。

二是开科取士，延揽人才。为了满足士大夫读书入仕的愿望，同时也为了解决清朝开国后人才匮乏问题，顺治即位后第三年就开科取士。整个清朝时期，共开设科举考试 112 次，取进士 26 846 人。据统计，在清朝政府高级官员中，40％以上都是进士出身。康熙时期，还参照历朝做法，专门开设博学鸿儒科，由中央和地方官员推荐“学行兼优、文词卓越”之才。清廷还专门颁布《优免则例》，规定对现任、致仕以及闲居的各类官员和举、贡、监生、生员等，给予不同程度减免赋税徭役等优厚待遇。清朝统治者的这些做法受到士大夫的普遍欢迎，绝大多数士大夫采取了同清廷合作的态度，并尽力发挥作用。就连曾经不愿入仕的无锡著名士子严绳孙，因康熙皇帝诚心相待并被任命为常伴皇帝左右的日讲起居注而深受感动，态度大变，勤奋履职，退休后填词称“九死从今总负恩”，表达了对清廷的感激之情。

三是发挥士大夫群体在传承传统文化方面的独特作用。从顺治时期开始，清朝统治者持续组织士大夫搜集编撰古代典籍，为后世留下了宝贵的文化遗产，也彰显了士大夫群体在传承传统文化中的独特作用。据《清宫藏书·前言》介绍：“仅以清宫藏书来看，其藏书量之大，藏书地之多，内容之博，校勘之精，书品之佳，雕版技术之高，装潢之美，利用之广，都超过了历朝各代，它从一个侧面反映了清代文化的繁荣，政治、经济的昌盛。”编撰图书工作更是成绩斐然，《康熙字典》《古今图书集成》《四库全书》就是当时的代表性之作。《四库

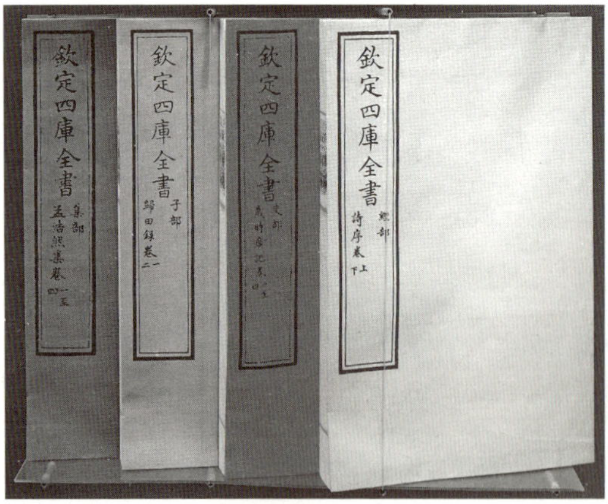

《四库全书》（部分）

全书》是我国历史上规模最大的一部丛书。参与编撰此书士人的数量也是空前的，誊录人员就有 3 800 多人。

（三）大兴文字狱及其严重后果

清朝统治者在实施宽严相济策略的过程中，从“严”的方面看，主要是采取残酷的高压手段，特别是大兴文字狱，试图消弭士大夫群体的反清、抵触、不合作举动或情绪，造成了严重后果。

清朝的文字狱，始于顺治皇帝。工部尚书张缙彦为礼部尚书刘正宗的《逋斋诗集》作序，其中有“将明之才”一句。顺治皇帝认为这四个字诡谲，有反清复明之意，于是将张缙彦革职、抄家并流放东北宁古塔。

康熙时期文字狱案增加到近 10 起，其中最有影响的为庄廷鑨明史案。浙江富户庄廷鑨，出钱购买了已故明朝学者朱国祯一部未完成的明史，然后延揽名士增润删节，补写了崇祯朝和南明史实，并以《明史辑略》之名刊刻成书。刊刻时，为了显示书的权威性，在卷首写了 18 位江南名士的名字。此事被人以眷念明朝而告发，牵连千余人，其中已病故的庄廷鑨被开棺戮尸，庄廷鑨的弟弟、作序者、校阅者及刻书、卖书、藏书者等 70 余人均被处死，就连仅是参与署名的茅元铭等名士也被凌迟处死。

雍正时期文字狱案较康熙时期增加了近 1 倍，达到了近 20 起，而且出现了牵强附会、罗织罪名的丑恶现象。江西乡试主考官查嗣廷按照从“四书”“五经”中摘取文句命题的惯例，从《易经》中选句所出题为“正大而天地之情可见矣”，从《诗经》中选句所出题为“百室盈止，妇子宁止”。雍正皇帝认为，这是暗示要将“正”与“止”联系起来思考，都是暗指雍正年号，暗示斩雍正皇帝之头。据此，查嗣廷被判处凌迟处死，鉴于查在结案时已死于狱中，仍被戮尸枭示。

乾隆时期文字狱案猛增到130多起，平均每年两起还多，已然到了欲加之罪、何患无辞的地步。有一位年有70岁的老秀才刘震宇，写了一本《佐理万世治平新策》的书，就缉拿盗匪提出了一些具体建议，呈给官府。湖南巡抚范时授认为他违反了大清律“生员不许一言建白”的规定，决定给以杖一百的责罚，并将其押回原籍，交地方官员永远禁锢。乾隆皇帝认为判罚太轻，颁发谕旨称，刘震宇“乃敢逞其狂诞，妄訾国家定制，居心实为悖逆……将该犯即行处斩”。同时申斥范时授“将该犯轻拟褫杖，甚属不知大义，著交部严加议处”。

清朝统治者大兴文字狱，造成的后果是十分严重的。首先是恶化了士大夫群体与清朝统治者的关系。清朝统治者大兴文字狱，使士大夫们陷入了极度恐惧之中，以至于在言谈中听到“文字狱”，就吓得赶快离席出逃，平时无奈著书也只是为了生计。这就是清末思想家、文学家龚自珍所说的：“避席畏闻文字狱，著书都为稻粱谋。”这就使清朝统治者实施“宽”的措施的效果大打折扣，与士大夫的关系趋于紧张，难以形成同心同德的局面。其次是扼杀了士大夫群体的进取和创新精神。清朝统治者大兴文字狱，折断了士大夫群体的脊梁，冲击了长久以来形成的尽忠报国、天下己任、正直敢言的士大夫精神，遏制了他们的进取和创新活力，迫使他们不得不远离政治，埋头故纸堆，使所谓“乾嘉考据学”盛极一时，但却无助于社会的创新发展。再次是埋下了中国在与西方民族国家竞争中落败的祸根。众所周知，解放思想是社会变革的先导。康乾盛世时期正是欧洲启蒙运动时期。欧洲启蒙运动，是继文艺复兴后又一次思想解放运动，为资产阶级革命和资本主义发展做了思想文化准备。而此时的大清帝国，虽然地域广、人口多、经济强（经济总量占世界的 1/3），但因为大搞文字狱，钳制禁锢了士大夫乃至广大民众的思想，因而在解放思想方面大大落后于西方国家，从而为在政治、科技、军事等各方面全面落后，最后被动挨打、走向衰亡埋下了祸根。

四、清朝未能与时俱进之因

道光十九年（公元 1839 年），龚自珍辞去京官，返回家乡浙江仁和，路过镇江时，应道士之请托，写了著名的祭神诗："九州生气恃风雷，万马齐喑究可哀。我劝天公重抖擞，不拘一格降人才。"在这首诗中，龚自珍对中国社会万马齐喑的沉闷现状深表痛心，同时期望清朝统治者能够振作精神，不拘一格广纳人才，推动雷霆般巨大社会变革的到来，跟上世界前进的步伐。遗憾的是，清朝统治者在处理与西方国家的关系时，没能展现出刚刚入主中原时的胸襟与智慧，而是盲目坚持华夏中心主义，看不到西方国家已经超越自己走在了世界前列，从而一误再误，坐失了若干向西方先进国家学习的机会，坐失了与西方先进国家构建新型国家关系的机会，最终落后于时代、人心丧尽、走向衰亡。

（一）盲目自大、闭关锁国，坐失了主动向西方先进国家学习、跟上世界发展潮流的先手机会，此为一误

1916 年 9 月 15 日，中国民主革命的伟大先行者孙中山在

观看钱塘江大潮时，有感而发写了这样几句话："世界潮流，浩浩荡荡，顺之则昌，逆之则亡。"这不正是清王朝没有顺应世界历史发展潮流而衰亡的真实写照吗！

中国康乾盛世时期前后，西方民族国家经过文艺复兴、启蒙运动获得思想解放，成功开展资产阶级革命，掀起以蒸汽机为标志的第一次工业革命，生产力水平空前提高，正如马克思所说，"资产阶级在它的不到一百年的阶级统治中所创造的生产力，比过去一切世代创造的全部生产力还要多，还要大"，由此推动这些国家由封建社会跨入资本主义社会。而这，就是当时的世界发展潮流。

英国是当时世界上最先进的资本主义国家。它最先创制了《大宪章》和议会，最先确立了君主立宪政体，最先完成了工业革命，其19世纪初工业总产值已占到世界工业总额的一半。随着国力的增强，特别是资产阶级对于商品市场和原料的需求越来越大，英国很快走上了殖民扩张道路，并将目光投向了东方大国——中国。但令英国不满的是，清朝实行闭关锁国政策，只允许外商在广东一地交易，遂使广州行商成为外商与清朝官府交涉的唯一渠道，这严重影响了对外贸易的进行。不仅如此，英国尽管与中国的贸易量已居西方国家之首，但始终处于逆差状态，其中18世纪末英国销往中国的全部工业品，仅及中国销往英国茶叶总价的1/6。于是，英国决定派遣外交使团来中国商谈打开贸易之门事宜，解决贸易不平衡问题，并且希望中英互派大使，建立新型国家关系。

清廷对待英国使团是何种认识和态度呢？长久以来，中国人眼中的世界，以居于中原地区的华夏疆域为中心，中原地区是文明世界，其外是荒蛮之地。故而，除了周边地区的藩属国，外部国家都被视为蛮夷。正因为如此，乾隆五十八年（公元 1793 年），当英王乔治三世的特使马戛尔尼率领使团求见乾隆皇帝时，清廷依惯例将他们来访当成纳贡称臣，要求马戛尔尼向皇帝行三跪九叩的君臣之礼，双方为此事争执了近两个月。之后，乾隆皇帝在热河避暑山庄，礼节性地接见了马戛尔尼一行。此后也并未安排专门谈判，而是在给乔治三世的信中，轻蔑拒绝了英方扩大通商的诉求："天朝物产丰盈，无所不有，原不籍外夷货物以通有无。"同时，还拒绝了英方互派大使、建立新型国家关系的建议。接见当天，马戛尔尼邀请清廷重臣福康安观看英国使团警卫人员准备已久的操练，想让他见识一下英国新型武器的威力，遭到拒绝。

马戛尔尼使团访华虽然失败了，但却给中国和英国乃至欧洲带来了不一样的影响。对中国来说，由于盲目自大、故步自封，丧失了一次主动全面深入了解和学习英国等西方先进国家的机会。法国著名学者佩雷菲特在《停滞的帝国——两个世界的撞击》一书中，不无惋惜地写道："如果这两个国家能增加它们间的接触，能互相吸取对方最为成功的经验；如果那个早于别国几个世纪发明了印刷与造纸、指南针与舵、炸药与火器的国家，同那个驯服了蒸汽并即将驾驭电力的国家结合起来，那么中国人与欧洲人之间的文化交流必将使双方都取得飞速的进步，那将是一场什么样的文化革命呀！"对于英国及欧洲人来说，由于马戛尔尼在中国停留半年之久，对中国的政治、经济、科技、军事等方面的情况有了较为全面深入的了解，看到了盛世下潜伏的危机，因而对中国不再神秘和惧怕。马戛尔尼在这次访华后，甚至对清王朝的命运做出了这样的预言：中华帝国是一艘陈旧而古怪的一流战舰，在过去的 150 年中，代代相继的能干而警觉的官员设法使它漂浮着，并凭借其庞大与外观而使四邻畏惧。但当一位才不敷用的人掌舵领航时，它便失去了纪律与安全。它可能不会立即沉没，它可能像残舸一样漂流旬日，然后在海岸上粉身碎骨，但却无法在其破旧的基础上重建起来。德国著名哲学家黑格尔在读了《英使谒见乾隆纪实》后，也表达了类似的看法，中华帝国“翻来覆去只是一个雄伟的废墟而已……任何进步在那里都无法实现”。

（二）洋务运动、舍本求末，坐失了学习借鉴西方政治制度、实现国家根本改造的宝贵机会，此为二误

继马戛尔尼使团访华失败后，英国再次派出阿美士德使团出使中国，结果仍是无功而返。连番遭遇外交失败的英国，开始支持英商在中国进行走私鸦片的贸易，获取了高额利润，英国很快在中英贸易中变逆差为顺差，但这使中国的白银大量外流，民众的健康遭到严重损害。清廷委派林则徐赴广东收缴英商鸦片 2 万余箱，在虎门全部销毁。于是，英国于道光二十年（公元 1840 年）发动了对中国的鸦片战争，迫使战败的清政府签订了近代史上第一个丧权辱国的不平等条约——《南京条约》，法国、美国趁火打劫，也迫使清政府签订了不平等的《黄埔条约》《望厦条约》。咸丰六年（公元 1856 年），英国、法国又以清政府消极对待重新修订《南京条约》等为借口，蛮横发动第二次鸦片战争，后攻破北京城，火烧圆明园，逼迫清政府签订了不平等的《北京条约》。这些条约严重破坏了中国主权和领土完整，使中国逐步成为半殖民地半封建社会。

就在英国发动第一次鸦片战争后，屡试秀才不中的广东人洪秀全，阅读了近代中国第一位基督教传教士梁发编写的基督

教传教读本《劝世良言》，创立了“拜上帝会”，大力发展会员，并于咸丰元年（公元 1851 年）发动了旨在推翻清朝统治的农民起义，登基称天王，定国号“太平天国”。洪秀全领导的太平天国武装力量先后发展到全国 18 个省，攻克 600 多座城市，定都江宁（今南京），改称天京。第二次鸦片战争后，英国等西方列强对已经采取合作态度的清政府转而持扶持态度，利用太平天国领导层发生内讧、相互残杀之机，出兵协助清政府镇压了持续 13 年之久的太平天国运动，再次显示了西方列强的力量。

两次鸦片战争的彻底失败、借洋教而起的太平天国运动的猛烈冲击，使清朝统治者意识到，再也不能按照过去的传统方式维持统治了，再也不能用过去的眼光看待西方国家了。长期以来，清朝官方对于有关与外国交涉的事务，统称为带有轻蔑色彩的“夷务”。第二次鸦片战争后，清朝统治者终于承认西方国家在实力上强于清朝，明确将“夷务”改称“洋务”，规定不再以进贡、藩属等方式处理洋务，特别是在士大夫群体中出现了向西方国家学习的声音，在统治集团中出现了致力于向西方国家学习的洋务派。

向西方国家学习什么，怎样向西方国家学习呢？早在道光二十二年（公元 1842 年），作为近代中国最早“开眼看世界”的士大夫代表人物魏源，就在他编写的介绍西方国家科学技术和地理知识的图书《海国图志》中，首次鲜明提出“师夷长技以制夷”的主张，这成为后来中国向西方国家学习的思想源头。但魏源这里所说的“长技”，主要指西方的科学技术，尤其是军事技术，从而留下了无视其文化、政治方面优势的隐患。

咸丰十一年（公元 1861 年），晚清思想家冯桂芬在《校邠庐抗议》一书中发展了魏源的思想，提出："以中国之伦常名教为原本，辅以诸国富强之术。"光绪二十四年（公元 1898 年），晚清洋务派著名代表人物张之洞在《劝学篇》一书中，在总结洋务派具体实践的基础上，具体阐发了冯桂芬的观点，即"中学为体、西学为用"，简称"中体西用"，就是在维护清王朝旧有统治思想、封建制度的基础上，采取西方国家的先进科学技术以及文化教育方面的具体做法，来挽救清朝统治。

19 世纪 60 年代至 90 年代开展的洋务运动，取得的最主要成果是：引进西方先进生产技术，创办新式军事工业，训练新式陆军、海军，建成北洋水师等近代海军；兴办轮船、铁路、电报、邮政、采矿、纺织等新式民用工业，推动了近代中国民族工业的发展；创办新式学校，选送留学生出国深造，培养翻译人才、军事人才、科技人才；催生了新兴社会阶级阶层，包括早期无产阶级、资产阶级和新型知识分子。但因为洋务运动坚持"中体西用"，治标不治本，没有触动腐朽落后的封建制度，因而不可能达到富国强兵的目标，反而贻误了长达 30 年的对国家进行根本改造的宝贵机会。光绪二十年（公元 1894 年）爆发的甲午战争中中国败于一直以中国为师的日本，标志着洋务运动的失败。

（三）变法夭折、立宪破产，坐失了通过改良方式学习西方、走上民主共和之路的最后机会，此为三误

甲午战争后，日本逼迫清政府签订了鸦片战争以来最屈辱的《马关条约》，该条约规定清政府向日本赔偿白银 2 亿两，割让台湾及其附属岛屿、澎湖列岛、辽东半岛给日本，日本人

可以在中国开办工厂等。因割让辽东半岛损害了沙俄等列强利益，遭到反对，最后以日本向清政府勒索 3 000 万两白银的“赎辽费”而了结。此后，西方列强掀起了瓜分中国的狂潮，清政府陷入了空前的统治危机。

甲午战争的惨败，在全国民众中引起极大震动，促使清朝统治集团中的开明官员、士大夫群体中的有识之士，特别是伴随着新式教育出现的新型知识分子，认真思考“蕞尔小国”获胜、泱泱大国落败的深层次原因。清朝和日本都是从 19 世纪 60 年代开始学习西方的，但选择的路径根本不同：清朝坚持中体西用，开展洋务运动，没有触及腐朽落后的封建政治制度；日本则坚持脱亚入欧，实行彻底的明治维新，在短短几年里，建立了一套近代化的国家制度，在此基础上引进西方先进科学技术，从而使其在东亚地区第一个走出了传统封建王朝模式，走上了近代社会的道路，成为亚洲强国，并很快加入西方列强殖民扩张的行列。经过对比，越来越多的仁人志士认识到，不仅要向西方学习，还要向日本学习；不仅要学习科学技术，还要学习政治制度。之后，维新思潮逐渐兴起，出现了康有为、梁启超、谭嗣同等维新代表人物。

光绪二十四年（公元 1898 年）6 月 11 日，光绪皇帝发布《明定国是诏》，明确表示支持变法。6 月 16 日，光绪皇帝亲自召见康有为，任命他为总理衙门章京，得以专折奏事。从 6 月 11 日至 9 月 21 日的 103 天中，光绪皇帝颁发一系列法令，全面推进变法，主要内容包括：科举考试中废除八股，改试策论；设立京师大学堂和各省新式学堂；裁汰冗员和机构；发展农工商业、建设铁路；等等。然而，上述举措遭到多数中央和地方大员抵制，并激化了光绪皇帝与掌握实权的慈禧太后之间的矛盾。为加强光绪皇帝的权力，康有为等人谋划劫夺慈禧太后，并试图拉拢掌握军权的袁世凯以成事。谋划泄密后，慈禧太后发动政变，将光绪皇帝囚禁，捕杀谭嗣同等 6 人。维新变法不过百日，即遽然夭折。

戊戌六君子浮雕像

维新变法夭折后，又出现两件令国人震动的重大事件，迫使清廷考虑实行君主立宪。一是光绪二十六年（公元 1900 年），英国等八国联军以镇压排外的义和团运动为名，发动了侵华战争，后强迫清政府签订丧权辱国的《辛丑条约》，该条约规定战争赔款白银 4.5 亿两，允许北京至山海关驻扎外国军队，中国彻底坠入半殖民地半封建社会的深渊。二是光绪三十年（公元 1904 年），日俄战争在中国东北爆发，并以君主立宪小国日本战胜西方独裁大国沙俄而结束，再次印证维新派向日本学习的合理性。于是，慈禧太后和清廷不得不做出姿态，任命五人考察团出国考察立宪政体，颁布《钦定宪法大纲》，宣布预备立宪。光绪三十四年（公元 1908 年），光绪皇帝和慈禧太后相继死亡，君主立宪之事由醇亲王载沣负责。宣统三年（公元 1911 年），清政府颁发新内阁官制，但内阁成员中多为满人和皇族成员，同民主共和要求相去甚远，被世人讥为“皇族内阁”，从而使预备立宪之举被民众视作一场骗局，由清政府主导的立宪运动宣告破产。清王朝失去最后的自我救赎机会。

甲午战争后，关于如何向西方学习、实现社会根本改造，在国人中一直存在自上而下维新与自下而上革命两种主张。维新夭折、立宪破产，使越来越多的人转向革命，这其中最著名的代表人物就是孙中山。光绪二十年（公元 1894 年），孙中山在夏威夷檀香山创建中国近代史上第一个民主革命团体兴中会，第一次提出推翻清朝封建君主专制政府、建立民主共和国的革命纲领。光绪三十一年（公元 1905 年），孙中山在日本东京召开中国革命同盟会成立大会，决定将业已成立的兴中会、华兴会、光复会合并为统一的全国性资产阶级革命政党。在孙中山和中国革命同盟会的推动下，宣统三年（公元 1911 年）武昌起义爆发，很快形成推翻清王朝的辛亥革命。同年 12 月 29 日，孙中山被全票选举为中华民国临时大总统。随后，清帝宣布退位，统治中国 268 年的清王朝正式退出历史舞台，长达 2 000 多年的封建帝制终结。

1925 年 2 月 24 日，孙中山临终前留下了这样的遗嘱：“余致力国民革命凡四十年，其目的在求中国之自由平等。积四十年之经验，深知欲达到此目的，必须唤起民众及联合世界上以平等待我之民族，共同奋斗。”孙中山所说的“唤起民众”，实际上就是积极主动团结全国各族人民，结成广泛的国内统一战线。孙中山所说的“联合世界上以平等待我之民族”，实际上就是积极主动团结世界各国友中力量，结成广泛的国际统一战线。可以说，结成这样两个统一战线，是孙中山从事国民革命 40 年的经验总结，同样也是清朝 268 年治国经验教训的总结。

清朝前期，康熙皇帝等统治者比较重视国内统一战线，特别是与汉族、蒙古族、藏族等各民族的统一战线，不仅成就了康乾盛世，而且解决了困扰历代统治者的北方边患问题。清朝后期，清朝统治者未能跟上随着远航事业发展、全球交往交流时代到来的形势，未能认清以英国为代表的欧洲民族国家随着资产阶级革命成功、工业革命兴起已经走在世界前列的现实，未能对更大范围的国际统一战线予以重视，因而未能正确处理同西方民族国家的关系，最后无可奈何地走向了落后和衰亡。

结　语

中国古代统战智慧的宝贵结晶

中国具有 5 000 多年的文明史，中华文明是世界上唯一没有中断并以国家形态延续至今的文明，古代统战智慧就是贯穿其中的重要文明成果。总结中国古代统战智慧形成、发展的历史，可以得出一些十分重要的历史结论，总结出一些十分重要的历史经验，而这些也可以说是中国古代统战智慧的宝贵结晶。

一、统一战线是凝心聚力的基本方式，是理解和破解国家兴衰周期率的一把钥匙

1945 年 7 月 4 日，毛泽东在延安窑洞中同前来访问的中国民主同盟中央常委、国民政府参政员黄炎培进行了一番谈话，黄炎培就国家兴衰问题谈道：我生 60 余年，耳闻的不说，所亲眼见到的，真所谓“其兴也勃焉，其亡也忽焉”，一人，一家，一团体，一地方，乃至一国，不少单位都没有能跳出这周期率的支配力。毛泽东与黄炎培的这次谈话史称“窑洞对”，黄炎培所谈观点被称为“国家兴衰周期率”。

考察中国古代史，确实如黄炎培所说，历朝历代统治者都没能跳出这国家兴衰周期率的支配，即便国人最引以为骄傲的盛唐，也不过享国 289 年。破解这个历史迷局，统一战线无疑是一把十分管用的钥匙。国家的核心问题是政权问题，政权的

核心问题是人心问题，故而自古就有“得人心者得天下、失人心者失天下”的警句。统一战线是凝心聚力的基本方式。盛唐前期，唐太宗李世民等统治者展现了杰出的统一战线智慧，努力构建和谐的君民关系、君臣关系、民族关系、宗教关系、国际关系，出现了人心向唐的局面，形成了共同建设国家的合力，有力促进了贞观之治和开元盛世的到来。盛唐后期，怠于朝政、贪图享乐的统治者不再像前期那样重视运用统一战线智慧，先后发生藩镇割据之祸、牛李党争之祸、宦官专权之祸，特别是百姓税赋增加、徭役增多、生活无着、流离失所、起义不断，导致内部同心合力让位于离心争斗，和谐的社会关系被撕裂的社会关系取代，人心向唐转向人心背唐，最终唐朝由盛而衰而亡。由此可见，统一战线与国家兴衰密切相关，重视传承运用统一战线智慧凝心聚力，有助于国家兴盛。这是不以统治者意志为转移的客观规律。

众所周知，人多力量大。但这是有条件的，如果人多心异，就像身在曹营心在汉，那么人再多也形不成合力，力量也不会大。因此，争取人心是凝聚力量的前提。那么，怎样通过统一战线争取人心呢？战国时期著名思想家孟子，在总结夏桀、商纣因失去人心而失去政权教训的基础上，给出了明确回答：“桀纣之失天下也，失其民也。失其民者，失其心也。得天下有道：得其民，斯得天下矣。得其民有道：得其心，斯得民矣。得其心有道：所欲与之聚之，所恶勿施尔也。”显然，孟子在这里所揭示的争取人心之道，就是民众所期望的，就给予他们并帮助他们积聚成多；民众所厌恶的，就不要强加给他们。所以，统一战线智慧本质上作为凝心聚力的智慧，就要始终围绕了解民愿、实现民愿而展开，舍此别无他法。

二、领导现象是统一战线的普遍现象，有效领导是统一战线存在和发展的根本保证

社会性是人类社会的本质属性，合作性是人类社会的本质需求。这决定了，统一战线作为不同社会力量为实现共同目标而结成的联盟，是一种有组织、有计划、有目的的团结合作。而要使这种团结合作有序有效进行，就必须要有领导，这是实现团结合作的根本保证。

所谓“领导”，顾名思义，就是领而导之，其中“领”即统领，“导”即引导。中国古代统战智慧史表明，领导现象是统一战线的普遍现象，有了领导才能使统一战线保持正确的共同奋斗方向，才能实现有效分工协作，才能最终取得胜利。正如马克思形象地指出的：“一个单独的提琴手是自己指挥自己，一个乐队就需要一个乐队指挥。”就像炎黄结盟战胜蚩尤的战争中，黄帝是联盟的领导者；楚汉相争时期结成的反楚联盟中，刘邦集团是领导者；唐朝、明朝与一些国家和地区的友好合作中，中国是领导者。

统一战线中的领导者，既可以是个人，也可以是群体；这里的群体，既可以是家族、部落、民族，也可以是阶层、阶级、国家。那么，什么人或群体能够成为领导者呢？这实际上是个领导资格问题。中国古代统一战线实践告诉我们，成为领导者需要具备三个基本条件，即特质、实力和贡献。所谓“特质”，就是领导者具有的特殊品质，包括能够顺应社会发展趋势、高尚的道德情操、高超的领导艺术等。所谓“实力”，就

是具有强大的经济实力、军事实力、文化实力等。所谓“贡献”，就是在统一战线中责任重、出力多、贡献大。像春秋时期齐桓公通过葵丘会盟，在各诸侯国中取得了霸主地位，即领导者地位，就在于他和齐国具备了这三个条件。从特质方面看，齐桓公即位后，不仅没杀有一箭之仇的管仲，反而拜他为相，体现了豁达的用人心胸；燕庄公为报齐桓公率兵击败山戎的救国之恩，亲自送他回师齐国，违反了周礼关于诸侯之间相送不能越过国境的规定，于是齐桓公便将其所至50里的齐地全部给了燕国，从而避免了燕庄公违反周礼……所有这些，都使各诸侯国对齐桓公的大德心悦诚服。从实力方面看，齐桓公任用贤相管仲后，通过实施全面改革，出台系列集权中央、奖励农桑、充实国库、修整武备、强化军事等政策措施，其领导下的齐国迅速成为国富民强兵壮的大国。从贡献方面看，中原的一些诸侯国遭到北方山戎和南方楚国攻击时，齐桓公都能够施以援手；齐桓公还在周襄王遇到严重危机时联合各诸侯国支持周襄王即位，为匡扶周王室立了头功。当然，统一战线中的领导者的领导资格既不是与生俱来的，也不是一劳永逸的，谁具备了这三个基本条件，谁就具备了领导资格，反之就会丧失领导资格。

三、共同利益是建立和保持统一战线的决定因素，照顾同盟者特殊利益是建立和保持统一战线的重要条件

马克思说，“人们奋斗所争取的一切，都同他们的利益有关”。同样，统一战线作为不同社会力量结成的联盟，也同利

益密切相关。何谓利益？利益是在需要基础上产生的，凡是能够满足人们需要的东西，都可以构成利益。也就是说，无论是物质需要，还是精神需要，都属于利益范畴的内容。按照不同的标准，利益可以划分为多种类型：按实现范围不同，可以划分为局部利益和全局利益；按实现时间不同，可以划分为短期利益和长期利益；按主体不同，可以划分为个体利益和群体利益；等等。另外，个体利益是不同个体所特有的利益，也就是特殊利益；群体利益是多个个体利益重合的部分，也就是共同利益。

从中国古代运用统一战线智慧的实践来看，共同利益是建立和保持统一战线的决定因素，它不仅影响统一战线的建立与破裂，而且影响统一战线的范围大小和时间长短等。这就是说，不同社会力量之间的联盟不是随心所欲的，总是依共同利益的变动而变动：当具有共同利益时才有可能结成联盟，而没有共同利益则绝无可能结成联盟；当共同利益属于局部利益时，绝无可能结成全局联盟；当共同利益属于短期利益时，绝无可能结成长期联盟；当共同利益不复存在时，随之而来的必然是联盟的破裂。比如，三国时期，魏国占据北方，实力最强，蜀、吴占据南方，实力远逊于魏。面对魏国吞并蜀、吴的战略图谋，蜀、吴在抗击魏国、维持南北战略均势方面，是有重大共同利益的。因此，在抗击魏国进攻时，蜀、吴结成联盟，并取得了赤壁之战的胜利。后来，蜀、吴在荆州之争中发生了分裂，但因为抵抗魏国吞并的重大共同利益仍然存在，所以在诸葛亮的推动下，蜀、吴实现了二次结盟，再次维持了南北战略均势。

四、统一战线是同与异的统一体，正确处理同与异的关系始终是统一战线的重大课题

中国古代和合思想，是中华优秀传统文化的重要内容，也是中国古代统战智慧的理论基础。“和合”一词最早出现在《国语·郑语》中，后经老子、孔子等众多思想家发挥，得以丰富和发展。所谓“和”，是指和谐、和平、祥和；所谓“合”，是指结合、融合、合作；所谓“和合”，是指在承认不同事物差异的前提下，把彼此不同的事物统一于一个相互依存的和合体中，并在不同事物和合的过程中取长克短，达至最佳组合，由此促进新事物的产生，推动事物的发展。

统一战线是不同社会力量为实现共同目标而结成的联盟，其中“不同的社会力量”就是异，“共同目标”就是同，“联盟”就是统一体。显然，按照中国古代和合思想，统一战线就是同与异的统一体，如果有同无异，就没有必要建立统一战线；有异无同，就无法建立统一战线；只有有同有异才能建立和保持统一战线。所以，同与异是统一战线赖以存续的基石，同与异的关系是统一战线中最基本的关系。当然，统一战线中的同与异是历史的、具体的、发展的，不同历史时期、不同朝代有所区别，但贯穿其中最主要的是君民关系、君臣关系、阶层关系、民族关系、宗教关系、国家关系等。

中国古代统一战线正反两方面的实践经验表明，正确处理同与异的关系，关键是要坚持求同存异，从求同与存异两个方面着力。求同，就是要努力寻求共同点，最要紧的是要确立共

同目标，并为之合力奋斗。存异，就是要尊重差异、包容多样，最要紧的是要照顾彼此的特殊利益。就拿清朝统治者处理满汉关系来说，既有成功经验，也有失败教训。比如，在求同方面，在平定南方吴三桂等三藩叛乱、西北准噶尔叛乱等中，清朝统治者与汉族民众在维护国家统一方面是一致的，因而能够通过共同努力取得胜利。这可谓经验。在存异方面，清朝统治者不尊重汉族的风俗习惯，强制推行剃发令，声称“留头不留发，留发不留头”，仅江阴反对此令而被杀者就有数十万人，严重恶化了满汉关系，影响了满汉团结。这无疑是教训。

五、士大夫是中国古代社会出现的独特群体，是影响国家兴衰的关键少数

士大夫群体的形成和发展经历了一个长久的过程。周朝建立后，在贵族中实行等级爵位制，自天子以下，王朝贵族和诸侯之臣均分为公卿、大夫、士三级，并且可以世袭。战国时期，官僚制度逐渐取代世袭制度，居于贵族末等的有识之士成为各国诸侯、公卿竞相争夺的人才，地位显著上升，其排序由“大夫士”发展为“士大夫”，士大夫特指入仕为官的人和有一定社会地位的文人。汉武帝当政时期，一方面效仿战国时期招贤办法，推出发现、使用人才的察举制；另一方面创立太学，太学的主要任务是培养政府官员和传承儒家经典，士大夫人数明显增加，形成了士大夫群体。隋唐时期创立科举取士制度后，士大夫群体日益扩大，到宋代进入黄金时期。清朝末期，随着新式学校的创办、留学潮的兴起、科举制度的废止，新兴

知识分子阶层取代了士大夫群体，并且其外延、内涵都发生了一些变化。

士大夫在历朝历代都是少数，但因为这个群体是文化知识的主要创造者和传承者、治国理政的主要参与者，因而其始终是社会的精英、人才队伍的中坚，是影响国家兴衰的关键少数。正因为如此，中国古代各种政治力量都把延揽使用士大夫人才作为得天下和坐天下的要务。比如，在楚汉相争中，刘邦之所以能战胜强大的对手项羽，重要原因是善于发现任用士大夫人才，包括曾经在敌方阵营效力转而投靠他的人才。刘邦称帝后，在一次庆功宴上曾做了这样的总结："夫运筹策帷帐之中，决胜于千里之外，吾不如子房。镇国家，抚百姓，给馈饷，不绝粮道，吾不如萧何。连百万之军，战必胜，攻必取，吾不如韩信。此三者，皆人杰也，吾能用之，此吾所以取天下也。"汉武帝坐天下过程中，之所以能够成就一番旷世伟业，固然同他个人具有雄才大略有关，但更重要的是他同样注重选拔任用士大夫人才，形成了政治、经济、文化、军事等各方面人才荟萃的局面。东汉著名历史学家班固在称赞汉武帝的用才功绩时说："汉之得人，于兹为盛。"由此可见，不论是打天下，还是坐天下，都离不开士大夫群体。

士大夫是一个具有鲜明个性的群体。一方面，这个群体深受儒家文化影响，形成了尽忠报国、天下己任、正直敢言等高尚精神，这些精神直至今天仍影响着广大知识分子。比如，唐太宗在位期间，魏徵前后陈谏二百余件事，其中不乏犯颜直谏的尖锐意见，这为唐太宗成就贞观之治做出了重要贡献。所以，唐太宗在魏徵死后对他给予了高度评价："夫以铜为镜，可以正衣冠；以史为镜，可以知兴替；以人为镜，可以明得失。朕常得此三镜，以防己过。今魏徵殂逝，遂亡一镜矣。”另一方面，这个群体又存在文人相轻、不善团结的痼疾，直到今天还可以在一些知识分子的身上发现它们的踪影。比如，北宋时期，士大夫群体中就存在北方士人与南方士人之争、元老士人与新进士人之争、新进士人内部不同派别之争，对政坛和社会风气都造成了负面影响，严重干扰了国家政务的正常进行和变法革新事业的推进。历代统治者在团结士大夫群体时，都主张宽严相济，但在实施过程中却很少做到宽严适度，要么像宋代一样失之于宽，要么像清代一样失之于严（大搞文字狱），教训是深刻的。

六、“大一统”是中华民族的优良传统，加强民族团结、维护国家统一是贯穿中国历史的主旋律

“大一统”是中国古代的主要政治理念，也是历代统治者追求的理想局面。“大一统”之说源于战国时期著名思想家公羊高对《春秋》的解释性著作《公羊传》，其中蕴含了维护正统，即政权的唯一性、正当性、合法性的意思。随着历史的发展，“大一统”的内涵进一步丰富，更大程度上表达出“统一性”的含义，具体表现为疆域、政治、经济、文化等方面的统一。正如习近平总书记所指出的：“中华文明长期的大一统传统，形成了多元一体、团结集中的统一性。”

自从秦始皇建立统一的多民族国家后，正确处理民族关系，加强民族团结，维护国家统一，就成为历代统治者的战略任务。他们坚持“大一统”理念，针对民族关系中的难点问题，

创新出了许多行之有效的解决办法，积累了丰富的实践经验。

首先是传播“大一统”理念。汉武帝“罢黜百家、独尊儒术”后，儒家学说成为历代奉行的统治思想，“大一统”作为儒家学说的重要内容得以广泛深入传播，逐渐成为各族人民根深蒂固的传统观念，同时成为规范行为的重要遵循。比如，阿豺担任吐谷浑（鲜卑族的分支）国王时，正值中国南北朝分裂时期，即便如此，也没有泯灭他的“大一统”观念。有一次，他到垫江（今属重庆）狩猎，问随行大臣：这条河流向东流去，名字是什么？从哪个地方流进哪条河水？他的长史回答说：此河经过仇池，流过晋寿，出宕渠，名叫垫江，到巴郡汇入长江，经广陵后注入大海。阿豺说道：水尚且知道有个归宿，我虽然只是塞外一个小国，而能偏偏没有归宿吗？于是他派使者联系南朝宋，南朝宋皇帝刘义符封他为浇河公。

其次是创立羁縻制度。所谓“羁”指马笼头，“縻”指牛缰绳，“羁縻”指笼络控制，羁縻制度是中央王朝在边疆民族地区实施的特殊政治制度。夏商周时期，中央王朝已注意“因其故俗而治之”；秦统一中国后开始在边疆民族地区设置有别于内地郡、县的“道”，汉承秦制推行“属国制”，有了羁縻制度的雏形；唐朝时期，大规模在边疆民族地区设立羁縻府州，标志着这项制度的成熟；宋元明清时期，又对这项制度进行了完善发展。羁縻制度的特点是，在边疆民族地区设立特殊的行政单位，保持或基本保持各民族原有的社会组织形式和管理机构，承认其首领在本民族和本地区中的政治统治地位，任用民族地方首领为地方官吏，除在政治上隶属于中央王朝、经济上有朝贡的义务等外，其余事务均由民族首领自己管理。实行这项制度，既有利于巩固中央王朝的统治地位，维护国家统一，又有利于发挥边疆民族在本民族和本地区治理中的自主性、创造性，促进民族团结和民族地区发展。

最后是实施交往交流交融政策。各民族交往交流交融，是社会的发展趋势，是各族人民的普遍愿望，也是构建和谐民族关系、实现各民族共同发展的内在要求。中国历史表明，这种交往交流交融，既是一个自然的过程，也是一个自觉遵循社会发展规律、主动适应的过程。因此，历代统治者，无论是汉族当政，还是其他民族当政，都通过鼓励各民族迁徙、互市贸易、文化交流、和亲通婚等具体措施，促进各民族之间的交往交流交融，并在这个过程中增强中华民族共同体意识。以实行和亲政策为例，历代统治者都推动落实，留下了汉代王昭君远嫁匈奴、唐代文成公主远嫁吐蕃松赞干布等佳话。特别是清朝统治者，将满蒙贵族之间的和亲上升为一项重要国策，从明朝末年建州女真建立后金政权之前，到清末宣统年间，满蒙之间婚嫁多达 595 次，其中皇室下嫁蒙古王公的公主、格格 432 人，皇室迎娶蒙古王公之女 163 人，使蒙古贵族世代与清朝皇室保持姻亲关系，催生了蒙古姻亲集团，成为清廷维护北部边疆安定的可靠倚重力量，有效解决了困扰历代统治者的北方边患问题。

七、宗教与所处社会相适应是其存续的基本规律，发挥积极作用、抑制消极作用是构建和谐宗教关系的重要原则

中国从东汉开始，产生了道教，随后传入了佛教、伊斯兰

教、基督教、天主教，由此形成了多宗教并存的局面。各宗教如何处理与所处社会的关系，统治者如何处理与各宗教的关系，就成为摆在他们面前的共同课题。

宗教作为一种社会现象，既遵从一般社会发展规律，又有其特殊发展规律。江泽民指出，“综观我国和世界的宗教历史，可以发现一个共同的规律，就是宗教都要适应其所处的社会和时代才能存在和延续”。宗教作为上层建筑的组成部分，必须与所处社会经济基础及其社会制度相适应，这是由经济基础决定上层建筑的规律决定的。一部宗教演进史，就是一部宗教与不同社会形态及发展阶段相适应的历史，只不过有主动适应与被动适应之分罢了。比如，三国两晋南北朝时期佛教之所以兴盛起来，很重要的原因是佛教主动与所处社会相适应，如主动与儒学融合，助力维持社会秩序；吸取道教的道术，关心人们的现实利益；积极介入社会思潮，在推动玄学发展的同时实现自身发展。明代，天主教之所以能够在中国立足，同样在于利玛窦等传教士主动学习适应中国儒家文化和风俗习惯，实现了天主教的本土化、中国化，正如利玛窦所感悟的：来到这里，不论衣服还是鞋子都穿中国样式的，说话、喝水、吃饭以及一切生活，都仿照中国的风俗习惯。

宗教作为上层建筑的一部分，对经济基础和社会其他方面同样具有反作用。这种反作用，既有积极的，也有消极的，这就是宗教社会作用的两重性。为什么在中国历史上既有兴佛运动，又有灭佛运动，皆因其社会作用的两重性使然。中国南北朝时期，统治者大力兴佛，在于看中了佛教作为维护统治工具的作用，正如南朝宋文帝所言，如果天下百姓都皈依佛法，“则吾坐致太平，夫复何事！”同是在中国南北朝时期，北魏太武帝和北周武帝都曾大力灭佛，在于他们注意到大量增加的寺庙和僧人，既不向政府缴纳税赋，又不承担徭役，严重影响了朝廷的财政收入，动摇了执政基础。正因为如此，历代统治者都把发挥积极作用、抑制消极作用，作为处理与宗教关系的重要原则。

中国古代多宗教并存，为什么没有出现世界其他国家发生的宗教战争呢？这当中十分重要的原因，是历代统治者在抑制宗教消极作用的基础上，能够根据不同宗教的不同优势，发挥它们各自的积极作用，从而使各宗教都有了自己的生存空间和用武之地，这样就可以相安无事、和谐共处。比如，唐代是一个宗教盛行的社会，其中影响最大的是儒教、道教和佛教。唐代统治者根据儒道佛各自的历史渊源、教义特点、功能作用，采取了重儒、崇道、尊佛的三教并用、和谐共存政策，具体说来就是，通过重儒以寻求道统的合法性，确立治国理政的主导思想；通过崇道以寻求血统的正统性，坚实李氏皇权的合法性基础；通过尊佛构建精神世界信仰，以为归化民心的工具，进而在这个过程中构建和谐的宗教关系。

八、既要重视国内统一战线，也要重视国际统一战线

1949 年 6 月 30 日，毛泽东在《论人民民主专政》一文中指出："积二十八年的经验，如同孙中山在其临终遗嘱里所说'积四十年之经验'一样，得出了一个相同的结论，即是：深知欲达到胜利，'必须唤起民众，及联合世界上以平等待我之民族，共同奋斗'。"这里孙中山所说的"唤起民众"，实际上

就是积极主动团结全国各族人民，结成广泛的国内统一战线；“联合世界上以平等待我之民族”，实际上就是积极主动团结联合世界各国友中力量，结成广泛的国际统一战线。放眼中华文明史，可以说，结成这样两个统一战线，是中国共产党成立28年来领导反帝反封建斗争的经验总结，是孙中山从事国民革命40年的经验总结，也是中国历代统治者治国经验教训的总结。

世界上任何一个国家，都不是孤立存在的，都要与世界上其他国家发生联系，进行交流合作。由此决定了，在结成牢固的国内统一战线的同时，建立广泛的国际统一战线，对实现国家的兴旺发达、长治久安至关重要。唐代贞观之治和开元盛世的出现，既同唐朝统治者努力构建和谐的君民关系、君臣关系、民族关系、宗教关系，形成国内统一战线有关；也同其注意构建和谐的国际关系，形成国际统一战线有关。21世纪初，在陕西唐太宗昭陵发现了文献记载的“十四国蕃君石像”，就是盛唐致力于国际统一战线的历史见证。

毛泽东在评价明朝开国皇帝朱元璋时说，可不要看不起老粗，一些老粗能办大事。放牛娃出身的朱元璋，虽不是饱读诗书之士，却是深谙统一战线智慧之人，主要表现在：一方面，他想方设法延揽和使用人才，竭尽可能化敌为友，千方百计争取民心，形成了广泛的国内统一战线，从而能够夺取政权；另一方面，他吸取了元朝武威天下、四面树敌的教训，制定并实行睦邻友好政策，开拓国际统一战线，为国内稳定发展创造了良好的外部环境，从而巩固了政权。明成祖朱棣即位后，进一步扩大对外友好交往范围，委派郑和七下西洋，访问了亚非30多个国家和地区，巩固扩大了国际统一战线成果。

郑和下西洋数十年后，意大利人哥伦布在西班牙皇室的支持下，带着给中国皇帝和印度君主的信件，率领船队，开始了东方之行，最后却阴差阳错地抵达了美洲，发现了新大陆。自此，那些成功开展资产阶级革命和工业革命的西欧民族国家，竞相开展远航探索和殖民扩张，更多的航线被开辟，世界各国的联系很快超出了邻国范围，全球迎来了交往交流时代。

这意味着，进一步扩大国际统一战线，加强同世界各国，尤其是西欧发达国家的交往合作，对中国的兴旺发达、长治久安的影响越来越大。换言之，如果说清朝以前，统治者面临的头号难题是中原政权与北方少数民族的关系问题的话，那么清朝面临的头号难题则逐渐发展为与西方国家的关系问题。遗憾的是，明朝中晚期的统治者特别是清朝统治者没有看到或看清这一点，反而在全方位对外友好交往方面出现倒退，后来竟发展到实行闭关锁国政策，从而埋下了明朝落后、清朝衰亡的祸根。

图书在版编目（CIP）数据

中国古代统战智慧/陈喜庆著．-- 北京：中国人民大学出版社，2024.8. -- ISBN 978-7-300-33121-8

Ⅰ.D092.2

中国国家版本馆 CIP 数据核字第 20241YS 331 号

中国古代统战智慧

陈喜庆　著

Zhongguo Gudai Tongzhan Zhihui

出版发行	中国人民大学出版社		
社　　址	北京中关村大街 31 号	**邮政编码**	100080
电　　话	010－62511242（总编室）		010－62511770（质管部）
	010－82501766（邮购部）		010－62514148（门市部）
	010－62515195（发行公司）		010－62515275（盗版举报）
网　　址	http：//www.crup.com.cn		
经　　销	新华书店		
印　　刷	涿州市星河印刷有限公司		
开　　本	720 mm×1000 mm　1/16	**版　　次**	2024 年 8 月第 1 版
印　　张	15.5 插页 2	**印　　次**	2024 年 8 月第 1 次印刷
字　　数	157 000	**定　　价**	59.00 元